本书为广东省哲学社会科学规划特别委托项目"华侨农场的社会化转型研究——以惠州市杨村华侨柑桔场、潼湖华侨农场为例"（2016zx075）最终研究成果。

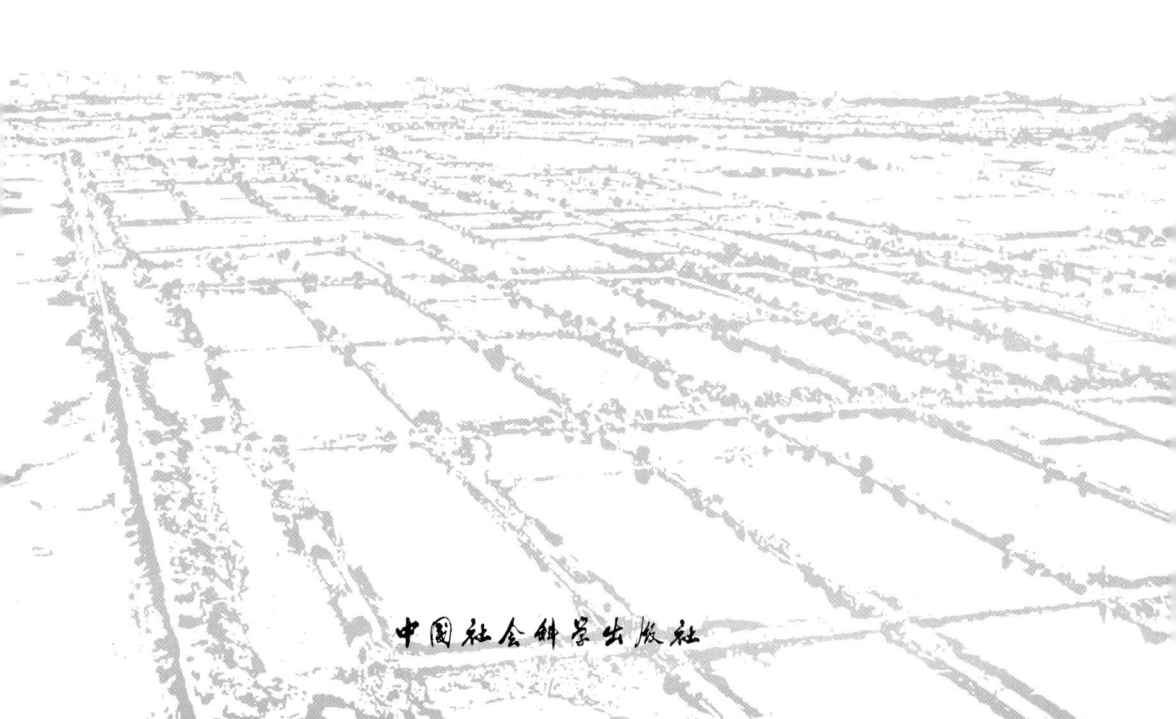

惠州市华侨农场社会化转型研究

Study of Transformation of Socialization in the Overseas Chinese Farms in Huizhou

陈友乔 著

中国社会科学出版社

图书在版编目（CIP）数据

惠州市华侨农场社会化转型研究 / 陈友乔著. —北京：中国社会科学出版社，2022.9

ISBN 978 - 7 - 5227 - 0287 - 2

Ⅰ.①惠⋯ Ⅱ.①陈⋯ Ⅲ.①华侨农场—农业史—惠州 Ⅳ.①F329.653

中国版本图书馆 CIP 数据核字（2022）第 091541 号

出 版 人	赵剑英
选题策划	宋燕鹏
责任编辑	金　燕
责任校对	李　莉
责任印制	李寡寡

出　　版	中国社会科学出版社
社　　址	北京鼓楼西大街甲 158 号
邮　　编	100720
网　　址	http://www.csspw.cn
发 行 部	010 - 84083685
门 市 部	010 - 84029450
经　　销	新华书店及其他书店
印　　刷	北京明恒达印务有限公司
装　　订	廊坊市广阳区广增装订厂
版　　次	2022 年 9 月第 1 版
印　　次	2022 年 9 月第 1 次印刷
开　　本	710×1000　1/16
印　　张	13.25
插　　页	2
字　　数	191 千字
定　　价	78.00 元

凡购买中国社会科学出版社图书，如有质量问题请与本社营销中心联系调换

电话：010 - 84083683

版权所有　侵权必究

序

　　本书作者陈友乔博士是我的小友。三年前，他告诉我，他正在着手写作一部关于惠州市华侨农场社会化转型的书。春节前夕，陈博士来电说，书已杀青，想请我作序。我简要地问了一些情况后就欣然应允，理由颇为简单。

　　我喜欢与年青人交朋友，尤其是治学严谨、为人谦逊的青年学者。陈博士正是这种"不自见，不自是"，埋头苦读，且尊老礼贤，古道犹存的青年学者，而不是那种扯虎皮作大旗以自壮门面之人。陈博士素来不喜欢请人作序，对于此次例外之举，我想，陈博士是看重我的"知青"阅历吧。

　　本书与我有些渊源。其探究惠州市两个侨场的社会转型，涉及华侨农场的知青，这让我回想起自己的知青岁月。当年高中毕业后，我和全国的知识青年一样响应国家"上山下乡"的号召，被分配到沥林公社火岗生产队插队务农，成了"下乡知青"。此地离潼湖华侨农场不远，同属环潼湖范围。期间与潼湖华侨农场人员有过接触交流，对潼湖华侨农场的情况有些了解。多年以后，我担任惠州市副市长，曾参与两个侨场的改制工作，见证了这段历史。一览此书，倍感亲切，顿生感慨。光阴荏苒，往事并非如烟。我现虽古稀之年，并赋闲在家，但依然记挂着那一方水土，那一方人。近年多次路过潼湖，目睹沧海桑田，不禁令人感慨万千！

　　两个侨场改制近二十年，当时归侨生活困难的场景，依然历历在目，让人牵肠挂肚。前年八月的一天，我问陈博士，现在那些原侨场职工的生活状况怎么样？陈博士愉快地告诉我，两个侨场的社会转型是成功的，原侨场职工的日子越来越好了。这一结果让我释怀，证明当年侨场转型政策的及时与正确。

本书资料翔实，结构严谨，脉络清晰，总结深刻，是一部兼具学术价值与现实意义的好书。惠州是改革开放的前沿地带，又是粤港澳大湾区的重要城市，具有广阔的发展前景。本书客观公正地记录了惠州市两个侨场的转型发展历程。昨天的脚步，就是今天的历史。忘记历史就意味着背叛。从这个意义上讲，这是本书的真正价值所在。

最后，衷心祝愿两个侨镇的各项事业不断进步，原侨场职工及家属幸福安康！

是为序！

徐志达

2022 年 6 月 20 日

目　录

绪　论 ……………………………………………………………（1）
　一　华侨农场的设立 ……………………………………………（1）
　二　华侨农场的困境 ……………………………………………（3）
　三　华侨农场的转型 ……………………………………………（4）
　四　华侨农场转型研究 …………………………………………（5）

第一章　杨村华侨柑桔场、潼湖华侨农场发展概况 …………（12）
　第一节　杨村华侨柑桔场发展概况 ……………………………（12）
　第二节　潼湖华侨农场发展概况 ………………………………（17）

第二章　转型前的杨村华侨柑桔场、潼湖华侨农场 …………（23）
　第一节　侨务政策与华侨农场建设 ……………………………（23）
　第二节　杨村华侨柑桔场、潼湖华侨农场的管理体制 ………（35）
　第三节　杨村华侨柑桔场、潼湖华侨农场的生产经营 ………（41）
　第四节　杨村华侨柑桔场、潼湖华侨农场的社会结构与
　　　　　社会事业 ………………………………………………（67）
　第五节　杨村华侨柑桔场、潼湖华侨农场存在的问题 ………（94）

第三章　杨村华侨柑桔场、潼湖华侨农场的社会化转型 ……（107）
　第一节　杨村华侨柑桔场、潼湖华侨农场的转型
　　　　　探索 ……………………………………………………（108）

第二节　杨村华侨柑桔场、潼湖华侨农场的转型过程……（114）

第四章　杨村华侨柑桔场、潼湖华侨农场改制后的发展………（162）
　　第一节　经济发展态势良好……………………………（162）
　　第二节　社会事业全面进步……………………………（167）
　　第三节　体制改革稳步推进……………………………（174）
　　第四节　历史遗留问题得到有效解决…………………（177）
　　第五节　职工和归难侨的生产生活明显改善…………（179）

第五章　杨村华侨柑桔场、潼湖华侨农场社会化转型的经验及发展前景……………………………………（184）
　　第一节　杨村华侨柑桔场、潼湖华侨农场社会化转型的
　　　　　　经验……………………………………………（184）
　　第二节　杨村华侨柑桔场、潼湖华侨农场改制后的
　　　　　　前景……………………………………………（190）

附　录……………………………………………………（194）

参考文献…………………………………………………（203）

后　记……………………………………………………（206）

绪　　论

华侨农场是特定历史时期的产物，兼具国有农业企业的经济属性与难民安置的政治属性。在长期的计划经济体制下，华侨农场的发展陷入了困境，其改革势在必行。广东省是华侨农场以及归难侨最多的省份，惠州市杨村华侨柑桔场、潼湖华侨农场代表其中珠三角发达地区与粤东西北欠发达地区结合部的一种类型，先后经历了20世纪70年代末到80年代初、80年代中期、90年代、21世纪等四次改革。华侨农场社会化转型给这两个侨区的发展带来了广阔的前景，既有机遇，又不乏挑战。因此，惠州市杨村华侨柑桔场、潼湖华侨农场转型的经验与教训，对于广东省乃至全国华侨农场的转型发展具有重要的启示与借鉴意义。

一　华侨农场的设立

华侨农场的设立，是国家归难侨安置政策的产物。中华人民共和国成立以来，先后出现三次大规模的华人华侨归国浪潮。第一次是在20世纪50年代。一方面，中华人民共和国成立之初，在中国共产党和中央人民政府的领导下，国家的各项事业欣欣向荣，广大华侨备受鼓舞，纷纷回国参加社会主义建设；另一方面，中国加入了社会主义阵营，受到资本主义阵营的打压。一些东南亚国家如马来西亚、泰国、菲律宾等在英、美等国的影响下推行排华政策，对旅居当地的华人进行迫害，大批华侨被遣返回国。第二次是在20世纪60年代。从

20世纪50年代末开始，印尼、缅甸等周边国家推行排华政策，不同程度地危及华侨华人在当地的生存，大批华侨华人被迫回国，其中以印尼归侨为主。第三次是20世纪70年代后期。越南、老挝、柬埔寨等邻国相继排华，当地大量华侨华人被迫逃离家园，回国定居，其中以越南归侨为主。

中国政府一方面对东南亚排华各国迫害、驱逐华侨华人的行为进行谴责；另一方面，要求各级政府妥善安置好回国难侨。为了适应接侨、安置归侨的需要，国家在广东、福建等地创办了一批国营、私营、公私合营华侨农场。当时，华侨农场是新生事物，是国家安置归难侨政策与工作的创举。"为了妥善安置无家可归的难侨，采取创办华侨农场的方式，集中安置归难侨，根据归难侨的特长，组织他们进行热带、亚热带植物的种植与生产，开创出一种特别的由国家相关部门资助领导的国家所有制的、纳入计划经济体制内的安置归难侨形式，即国营华侨农场。"① 从20世纪50年代到80年代华侨农场改革前夕，全国有华侨农场86个（现存84个），分布于广东、海南、福建、广西、云南、江西、吉林、河北等省区，安置来自马来西亚、越南、印度尼西亚、缅甸、印度等国的归难侨及其家属将近24万人。②

广东是与福建同为最早创办国营华侨农场的侨乡省份，也是华侨农场以及安置归难侨最多的省份：全省华侨农场有24个（现存23个）；安置的归难侨为6.9万人，来自24个国家，占全国华侨农场归难侨总数的43%。③ 惠州市是著名的侨乡，自然也是接收、安置归侨的重要地区，有华侨农场2个，即杨村华侨柑桔场和潼湖华侨农场。杨村华侨柑桔场建立于1951年④，先后安置越南归难侨以及从清远、

---

① 董中原主编：《中国华侨史》（1），中国社会科学出版社2017年版，第4页。
② 参见国务院侨务办公室编《全国华侨农场基本情况》，内部资料，广东省侨办提供。
③ 参见广东省人民政府侨务办公室编《关于我省华侨农场改革发展情况的报告》，内部资料，广东省侨办提供。
④ 始建之初为"广东救济分会第三农场"，一直到1978年之前，均为农场，但不是华侨农场。自从1978年安置越南归侨，才真正成为"华侨农场"。

蕉岭重新安置来场的难侨7821人。潼湖华侨农场建立于1966年，先后安置菲律宾、缅甸、柬埔寨、日本、印度、马来西亚等国难侨8366人。

二 华侨农场的困境

国家通过制度安排，将归难侨纳入到华侨农场这一特殊类型的"单位体制"之内。其特殊性表现在，作为"带有事业性质的企业单位"，华侨农场兼具政治、经济双重属性。在长期的计划经济体制下，华侨农场成为"一个独立的、封闭的、自成体系的小社会，与所在地的地方政府和周边农村几乎不发生关系。"① "在相当长的一段时间里，华侨农场的生产、财务、基建、物资和劳动工资计划等都由各省侨办负责。"② 这种"大锅饭"体制与华侨农场及侨场职工的依赖心理固结地纠缠在一起，从而带来了一些弊端。"在这种囿于全民所有制经济体制和管理模式的农场中，大多数都暴露了经营权过于集中，产业结构单一，吃大锅饭，不利于充分发挥归侨职工的积极性和主动性，严重束缚了生产力的发展的问题。"③ 为此，华侨农场陷入了困境，出现诸如管理体制不顺、农场办社会、社会负担过重、依赖思想长期存在、与地方社会脱节等弊端，最为直接的后果是经济效益差，造成大面积的亏损，严重影响华侨农场和侨场职工的生产、生活。到华侨农场改革前夕的1984年，全国86个华侨农场中亏损62个，占总数的72%。④

---

① 张晶莹：《华侨农场社会化转型探析——以泉州双阳华侨农场为对象》，《华侨大学学报》2010年第3期。
② 董中原主编：《中国华侨史》(1)，中国社会科学出版社2017年版，第208页。
③ 毛起雄、林晓东编：《中国侨务政策概述》，中国华侨出版社1993年版，第194页。
④ 国务院办公厅编：《关于国营华侨农场经济体制改革的决定》(〔1985〕26号)，广东省侨办提供，内部资料。

三 华侨农场的转型

华侨农场要走出困境，就必须通过改革实现转型发展。党的十一届三中全会后，中国开始波澜壮阔的改革步伐：在农村实行家庭联产承包责任制，在城市推行国有企业改革。考虑到华侨是一个特殊的群体，国家采取了政策性保护，因而使得华侨农场改革相对滞后，没有与全国经济体制改革同步。1985年起，中国开始启动华侨农场改革。华侨农场改革的关键在于，"消除影响华侨农场改革的各种体制障碍，通过改革理顺管理和经营体制，为华侨农场职工更好地生产生活建立合适的制度保障和安排"①。大致说来，华侨农场改革包括20世纪80—90年代的改革以及21世纪以来的改革。

1985年12月19日，中共中央、国务院联合下发《关于国营华侨农场经济体制改革的决定》。这一时期，改革的目标主要集中于改革华侨农场的领导体制、改革经营管理和财务管理、实施对部分归难侨及其子女重新安置政策、继续给予必要财政支持等方面，而侧重于华侨农场的经济和经营管理等方面进行改革。②

20世纪90年代中期，经历了华侨农场改革的深化。1995年12月，国务院办公厅转发《国务院侨办关于深化华侨农场经济体制改革的意见》（以下简称《意见》），主要包括华侨农场领导体制改革、华侨农场社会化职能剥离问题、华侨农场职工社会保障问题、给予华侨农场必要支持、省（自治区）政府加强对华侨农场工作的指导等方面。各地认真贯彻《意见》的指示精神，采取有力措施帮助华侨农场走出困境。

1985年至2000年，经过两次改革，各省（自治区）党委、政府、侨务部门和各华侨农场积极探索深化华侨农场体制改革的路子，加快

---

① 董中原主编：《中国华侨史》（1），中国社会科学出版社2017年版，第210页。
② 董中原主编：《中国华侨史》（1），中国社会科学出版社2017年版，第214页。

推进经济社会发展，在加强对外经济技术合作，加快内部产业结构调整及职工参加社会养老统筹等方面作出了积极的努力，取得了一定的效果；同时，也存在一些困难和问题，一些问题没有得到根本解决。①

进入21世纪，进行华侨农场第三步改革。2007年3月，国务院办公厅印发《国务院关于推进华侨农场改革和发展的意见》，针对华侨农场存在的一系列问题提出17条具体措施，力争到2015年完成改革。经过各级党委、政府和涉侨部门的共同努力，华侨农场改革发展取得重大突破。"华侨农场管理体制已基本完成下放地方，体制机制逐步理顺，经营活力得到增强；土地确权、金融债务、基础设施欠账等历史遗留问题得到有效解决；产业发展逐步加快，经济结构进一步优化。2013年，全国华侨农场实现社会总产值1036亿元，是改革前的6倍，华侨农场经济社会得到长足发展；职工群众收入增长较快，民生得到较大改善，养老保险、医疗保险全面覆盖，基本做到应保尽保。"②

四 华侨农场转型研究

20世纪80年代中期以来，随着华侨农场改革实践的进一步深入，华侨农场社会化转型相关研究取得较为丰硕的成果。就研究主题而言，主要集中于对华侨农场改革的思路、路径、类型等方面进行研究；就研究视野而言，有的从宏观上着眼于全国华侨农场转型，有的从中观上着眼于某一省（区）华侨农场转型，有的从微观上着眼于某一华侨农场转型。

1. 关于华侨农场转型模式研究

杨英等指出，广东省在对华侨农场进行体制改革的过程中，主要有镇管模式、区场合一，强化管理职能模式、多层级关系模式、改场

---

① 参见董中原主编《中国华侨史》（1），中国社会科学出版社2017年版，第305页。
② 《任启亮副主任出席全国人大华侨委员会全委会并作华侨农场改革发展工作专题情况介绍》，http://www.gqb.gov.cn/news/2014/0702/33438.shtml，2019年10月19日浏览。

建镇，镇场合一模式、镇场（公司）分治，各司其责模式等五种模式；并分析了各种模式的特点与不足之处。① 林琳等运用计量方法把影响农场经济发展的因素归纳为地理区位优势度、交通运输条件等八个方面共 11 项指标，据此将广东省 23 个华侨农场分为三类；在此基础上，对各类型农场经济上的等级差异及空间上的分布特征进行实证分析，并从区域经济学的角度对实证结果进行阐释，探讨各类型农场的产业结构优化思路。② 《中国华侨农场史》总结了华侨农场集中的广东、福建、广西三省（区）华侨农场管理体制模式：广东华侨农场有改场为镇（场改镇、场并镇）模式，镇、场（公司）分治，各负其责模式，管理区（或开发区）模式等三种模式；福建省 17 个华侨农场除了天马华侨农场归属福建华侨实业集团未下放地方管理外，4 个农场成为建制乡或镇，12 个华侨农场转型成为开发区；广西壮族自治区华侨农场实行管理区模式。③

2. 关于华侨农场转型路径研究

郑少智指出，华侨农场改革必须借鉴我国农村经济体制改革的经验，重点放在调整土地经营管理制度，摆正政府和企业的位置，盘活国有资产存量，达到理顺管理体制和培育开放的生产体系的目的，最终使农场这一特殊的农场社区与当地社会经济融为一体。④ 陈佩钰以广东省汕尾陆丰华侨农场为样本，指出华侨农场主导产业应从内生加以培育和提升；"公司＋农户＋基地"的模式会削弱农户地位，应与"土地入股"结合起来进行产权改革；农场管理区应进行角色定位，致力于宏观层面和社会公共事务。⑤ 张晶莹集中考察和探讨福建泉州

---

① 杨英等：《广东省国有华侨农场体制改革基本思路探索》，《中国农村经济》2003 年第 2 期。
② 林琳等：《广东省华侨农场的类型划分与发展思路》，《热带地理》2008 年第 2 期。
③ 董中原主编：《中国华侨史》（1），中国社会科学出版社 2017 年版，第 224—234 页。
④ 郑少智：《国营华侨农场改革与资产营运模式探讨》，《暨南学报》2003 年第 4 期。
⑤ 陈佩钰：《新视角下中国华侨农场的发展思路——以陆丰农场为例》，《科技咨询导报》2007 年第 27 期。

双阳华侨农场的社会化转型过程，进而反思以华侨农场为主的集中安置模式带来的问题；强调归难侨的安置不仅要提供必要的物质性安排，更要建立使归难侨能够融入安置地社会的体制和机制。① 丁丽英分析了福建农场旅游资源以及福建农场旅游产品开发现状，提出福建农场旅游产品开发的策略，并指出农场旅游将成为未来农场发展的趋势。② 张继焦从"伞式社会"的视角探讨海南省兴隆华侨农场"伞式"关系下的市场转型与旅游业兴起，并指出，"在中国从计划经济转变为市场经济过程中，企业与政府之间的'庇护'与'被庇护'伞式关系，是一种重要的资源配置方式，可能比企业的市场开拓能力还重要。"③

3. 关于华侨农场经济体制改革研究

何静、农贵新指出深化华侨农场经济体制改革面临的主要问题，并提出华侨农场经济体制改革的总体思路及基本对策。④ 贾大明分析华侨农场改革取得的成效，指出华侨农场面临的主要困难和问题，并提出若干建议，其中包括要继续支持华侨农场的改革与发展，具体从五个方面展开：要依法保护华侨农场和职工赖以土地的使用权；要支持华侨农场政企分开、政社分开的改革，承担剥离后社会职能如学校、医院、社会治理等费用；政府应尽快帮助华侨农场职工医疗加入社会统筹，解决归难侨职工的后顾之忧；解决华侨农场生活在低保线以下人群的生活问题，应保尽保；进一步完善华侨农场的基础设施和归难侨的居住条件，解决华侨农场的生产和生活条件。⑤ 许金顶、姜泽华指出，华侨农场改革的主要任务是通过行之有效的体制改革和适

---

① 张晶莹：《华侨农场社会化转型探析——以泉州双阳华侨农场为对象》，《华侨大学学报》2010年第3期。
② 丁丽英：《福建农场旅游产品开发初探》，《吉林工商学院学报》2013年第1期。
③ 张继焦：《"伞式社会"——观察中国经济社会结构转型的一个新概念》，《思想战线》2014年第4期。
④ 何静、农贵新：《关于华侨农场经济体制改革的思考》，《福建论坛》1999年第6期。
⑤ 贾大明：《华侨农场管理体制改革调查报告》，《中国农垦经济》2004年第10期。

宜的制度安排，理顺各华侨农场的管理体制，消除华侨农场的各种体制障碍，推进农场社区化转型，促使农场经济走向市场，为提高场民社会生活水平创造良好的体制环境。①

4. 关于华侨农场管理体制改革研究

夏国兴基于广东省华侨农场 1988 年体制下放后建立管理区的社会调查指出，华侨农场成立管理区，走企业政权化之路，是农业企业深化改革中出现的新事物，是广东华侨农场改革的新思路，理论上符合中央关于农场政权建设的有关政策规定，实践上体现了邓小平提出的三个有利于的实践检验的标准，它不仅是华侨农场在市场经济下寻求发展的有益探索，也为全国农垦企业指出了一条走企业政权化的新路。②丁有权、张瑞枝分析华侨企业领导体制的变迁及其利弊，提出华侨企业领导体制改革的对策，即改变现行垂直的领导管理体制为属地领导管理体制。③

5. 关于华侨农场社会保障研究

赵桂娟以厦门同安竹坝华侨农场社会保障制度改革为研究对象，对华侨农场社会保障制度改革的路径进行总体描述，分析不同阶段不同的特征表现；指出改革至今仍存在的问题，诸如历史旧账不清、政策落实不到位、管理体制不顺等，并揭示其原因；对农场的社会保障制度的进一步健全与完善提出建议。④张赛群在华侨农场改革的大背景下探讨华侨农场养老保险改革实施情况、特点及存在的问题。⑤

---

① 许金顶、姜泽华：《厦门竹坝华侨农场体改及转型对策探析》，《华侨大学学报》2011 年第 1 期。
② 夏国兴：《华侨农场企业政权化的思考——广东部分华侨农场情况调查》，《广东农工商职业技术学院学报》1994 年第 4 期。
③ 丁有权、张瑞枝：《广西华侨企业领导体制改革探讨》，《广西社会科学》1995 年第 2 期。
④ 赵桂娟：《厦门竹坝华侨农场社会保障问题调查研究》，《河北工程大学学报》2009 年第 2 期。
⑤ 张赛群：《福建省华侨农场养老保险改革评析》，《社会保障研究》2013 年第 3 期。

6. 关于华侨农场土地问题研究

陈国章指出，土地确权的切入点有三：一是有效的领导机构和工作机构；二是有效的资金支持；三是有效的技术指导和基础图件。① 陈宇指出，无论是基于现实层面的考虑还是理论层面的剖析，珠海市某华侨农场实施"土地入股"是可行的：即通过对土地产权进行再分割和再转让，入股土地股份合作社从而降低交易成本；通过对基本农田、工业建设用地和宅基地分别建立"入股"试点，从而盘活土地要素，以实现工业化、城镇化和农业产业化的长远目标。②

7. 关于华侨农场职工就业安置问题研究

李修满通过对广西国营浪湾华侨农场失地职工安置状况调查进行分析，提出改善华侨农场失地职工安置状况的对策，并指出失地职工安置的好坏决定华侨农场改革的成败。③ 张晶莹以厦门竹坝华侨农场在场人员为主要调查对象，着重考察农场人员的就业现状，分析农场职工就业面临的难题，并提出相应的对策与建议。④

8. 关于华侨农场债务问题研究

侯朝蓉、陈志宏基于对江西省金坪华侨农场负债调查分析后指出，除正常生产经营及建设性负债应由农场承担外，因国家政策调整和社会性负担及自然灾害等形成的债务不应由企业承担；建议国家出台政策，对不应由农垦企业承担的债务进行剥离处置，以利于农垦经

---

① 陈国章：《找准华侨农场土地确权的切入点——广西开展华侨农场土地确权工作的做法》，《南方国土资源》2008年第1期。
② 陈宇：《关于国有农场"土地入股"的理论思考》，《中国市场》2011年第26期。
③ 李修满：《华侨农场失地职工安置状况研究——对南宁市隆安县华侨农场的调查》，硕士论文，华中农业大学，2008年，第8—23页。
④ 张晶莹：《厦门竹坝华侨农场职工就业现状调查与反思》，《河北工程大学学报》2010年第3期。

济又好又快发展。①

关于广东省华侨农场转型研究，有以下特点：其一，主要着眼于广东全省的面上研究。其主要原因在于：广东是中国最重要的侨乡之一，也是华侨农场设立最早的省份之一，华侨农场及安置归难侨最多；此外，广东是改革开放的前沿，思想更活跃，改革步伐更快。因此，广东华侨农场转型的经验备受关注。正如黎相宜在《国家需求、治理逻辑与绩效——归难侨安置制度与华侨农场政策研究》在解释涉及省级政府层面的材料主要集中于广东省时指出，"一方面是由于笔者所搜集到的与广东省相关的政策文件较为丰富；另一方面则是由于广东省本身就是华侨农场以及安置归难侨最多的省份：全省华侨农场有23个；安置的归难侨人数为6.9万人，来自24个国家，占全国华侨农场归难侨总数的43%；三是广东省一直积极调整华侨农场政策，在全国形成较好的示范效应。"② 相关成果主要有夏国兴《广东华侨农垦事业改革探讨》（《中国农垦》2005年第11期）、杨英等《广东省国有华侨农场体制改革基本思路探索》（《中国农村经济》2003年第2期）、林琳等《广东省华侨农场的类型划分与发展思路》（《热带地理》2008年第2期）等。需要指出的是，郑少智《国营华侨农场改革与资产营运模式探讨》（《暨南学报》2003年第4期），材料主要取自广东省。其二，就个案研究主要集中在深圳、广州、珠海等珠三角发达地区以及韶关、湛江、汕尾等欠发达的粤东西北地区。相关的成果主要有：莫卓宁《体制改革给平沙带来了勃勃生机——广东省国营平沙华侨农场实行管理"双轨制"的调查》（《广东行政学院学报》1993年第2期）、孙仁松《国有农场政企分开的成功实践——光明华侨畜牧场实行政企分开的调查》（《中国农垦经济》2002年第2期）、徐晶《基于湛江奋勇华侨农场为例的华侨农场转型升级研究》（《产业与科技论坛》2015年第2期）、朱绍华《消雪岭华侨茶场发

---

① 侯朝蓉、陈志宏：《金坪华侨农场债务化解调查》，《中国农垦》2007年第5期。
② 黎相宜：《国家需求、治理逻辑与绩效——归难侨安置制度与华侨农场政策研究》，《华人华侨历史研究》2017年第1期。

绪　论

展史研究》（暨南大学硕士论文，2008年）等。

通过学术史梳理，可以发现，位于珠三角发达地区与粤东欠发达地区的杨村华侨柑桔场、潼湖华侨农场少有研究成果。①因此，这为本书的研究提供了一定的空间。着眼全国华侨农场而言，广东华侨农场具有重要的参考价值；就广东省华侨农场而言，杨村华侨柑桔场、潼湖华侨农场代表了广东省珠三角发达地区与粤东欠发达地区结合部的一种类型，不仅具有重要的理论意义，而且具有重要的现实意义。比如，就归难侨而言，粤北消雪岭华侨农场与杨村华侨柑桔场、潼湖华侨农场场民的身份认同与成就感就不尽一样；其与周边社会的关系也不尽一样。②

---

① 关于潼湖、杨村华侨农场，没有专著，只有一部资料性质、尚未公开出版的《广东省杨村柑桔场建场四十周年（1951—1991）》及《惠州市潼湖华侨农场（潼侨）志》；至于论文，只有1篇硕士论文《潼湖华侨农场茶叶公司生产部员工绩效考核方法研究》（北京交通大学，2011年），基本上与华侨农场转型没有太大关系。

② 笔者在访谈中与此前关于粤北消雪岭华侨农场归难侨的基于阅读经验的认识相差很大。比如，有的研究者认为，消雪岭越南归侨不思进取，具有强调"难民身份"以获得特殊照顾的依赖心理；与农场非归侨领导关系微妙，与周边居民的关系保持一定距离。而在潼湖华侨农场与杨村华侨农场的访谈中，越南归侨认为自己很勤劳，是侨场发展最好的一个群体；他们认为，农场（此后的撤场建镇）的当地领导很关心归难侨的生产、生活；他们与周边居民友好相处，并无冲突。这里主要有两个方面的原因：一是潼湖华侨农场、杨村华侨柑桔场所在地区的经济状况比粤北山区好得多；二是周边社会风气良好，待人友好。

第一章　杨村华侨柑桔场、潼湖华侨农场发展概况

杨村华侨柑桔场、潼湖华侨农场均位于惠州市。两个华侨农场发展轨迹不同，大致可以说是殊途同归：最初设立农场的缘由不一样，性质不一样，隶属关系也不一样；安置归难侨而始有"华侨农场"之名，并在此后的华侨农场转型中同起同落，都经历了撤场建镇的改革进程而曲终奏雅。

第一节　杨村华侨柑桔场发展概况

杨村华侨柑桔场地处广东省中部，博罗县东北部，距县城罗阳镇40千米，介于东经113度50分至114度42分，北纬23度07分至23度43分之间，北回归线穿过全境。地形以丘陵为主，主产香蕉、龙眼、荔枝、花卉苗木等。全场东西跨度28千米，南北跨度22千米，平均海拔54米。2003年5月，撤区建立杨侨镇，划归博罗县管辖，辖桥东、桥西2个居委会以及石坝、小坑、塔东、塔下、大坑、石岗岭、榄岭、坪塘、朝田、桔子、凤门、十二岭12个办事处，户籍人口3.5万人，其中归难侨5386人，归侨侨眷7600人，有较广泛的海外侨胞基础。

一　发展沿革

杨村华侨柑桔场的性质和任务随着国家的形势和要求的变化而变

化。在20世纪50年代，是具有收容性质的事业单位；到20世纪60年代后期，为半事业半企业单位；从20世纪70年代起，为国营企业单位；至2003年，撤区建镇，属一级政府。

（一）自然环境

杨村柑桔场地处罗浮山东端、东江中游、博罗县东北部的低丘陵地带。属于南亚热带气候，阳光充足，气候温暖，雨量丰沛，多年平均降雨量为1848.5毫米，绿化覆盖率达90%以上。北倚桂山山脉，西有象头山和罗浮山，南面有东江流过。场域内有属东江水系的麻陂河和杨村河。北面有宝溪水库，容量1130万立方米；东面有跃进水库，容量320万立方米。地形以丘陵为主，相对高度50—150米左右。土壤以红壤为主，土地资源丰富，可连片开发。

（二）创办缘由

杨村华侨柑桔场的光、热、水、风、霜等气候条件比较适宜柑桔的生长。建场初期，场部周围有几万亩红壤荒坡地，草高过膝，灌木丛生。附近农户庭院有零星的沙田柚种植，其他果树很少。当时场领导邀请在潮汕地区从事柑桔研究的专家王浩真前来考察。根据王浩真的可行性报告，农场最终确定了"以柑为主，多种经营，全面发展"的经营方针，并逐步形成甜橙、雪橙、椪柑、蕉柑四大主栽品种。

（三）华侨农场的创办

1951年9月，广东省民政厅为解决社会游民问题，决定在博罗县杨村举办一个具有收容性质的农场，并由省民政厅组织和派出一个7人筹备小组，由张平任组长。筹备小组在东江专区博罗县杨村老圩购买一间民房作为联络办事处办公地点，并开展具体工作。1951年11月，筹备小组选定杨村老圩东面、杨村河东岸、广梅公路南侧的"安乐园"为场址。1951年11月中旬，经省民政厅同意，联络办事处搬进"安乐园"，并开始建设。1951年11月16日，联络办事处从佛山教养院接收首批场员30多人。同年12月，又从雇请来场建造防洪基围的当地农民中吸收30多人进场。1951年12月26日，正式成立"广东省救济分会第三农场"；同时，筹备工作宣告结束。至1951年底，农场干部和工人总数不足百人。

（四）建置沿革

1. 隶属关系变迁

1951年至1952年春，隶属广东省救济分会领导。

1952年夏至1969年，隶属广东省民政厅领导。其中，1955年至1966年，农场党、团、群众组织及公安、司法属博罗县，实行省、县双重领导；1960年至1961年，农场为广州市水果基地，归口广州市农垦局，实行省、市、县"三重"领导。

1970年至1973年，隶属惠阳专（地）区领导。

1974年，属广东省农垦处领导。

1975年，属广东省农垦总局领导。

1976年至1977年，属广东省直属农场管理局领导。

1978年至1988年，属广东省华侨农场管理局领导。

1988年，移交惠州市，由惠州市农委代管，侨务工作由市侨办管理，公安、司法仍由当地县的对口部门负责管理，有关财务问题由市财政局协调处理，农场仍属于全民所有制企业，实行独立经营，自负盈亏。

1995年，惠州市成立杨村经济管理区，赋予县一级行政职能。

2003年5月，撤销杨村经济管理区，成立杨侨镇，由博罗县管辖。

2. 名称变更

1951年至1952年春，定名"广东省救济分会第三农场"。

1952年夏至1952年冬，更名为"广东省民政厅博罗县农场"。

1953年至1969年，更名为"广东省民政厅杨村农场"。

1970年至1973年，先后有"惠阳专区五七农场""惠阳地区杨村柑桔场""惠阳地区柑桔场"等名称。

1973年至1977年，先后更名为"广东省杨村柑桔场""广东省国营杨村柑桔场"。

1978年至1980年，更名为"广东省国营杨村华侨柑桔场"。

1981年至1991年，更名为"广东省杨村华侨柑桔场"。

1995年，加挂"惠州市杨村经济管理区"牌子。

2003年，更名为"惠州市博罗县杨侨镇"。

（五）人员安置

自建场以来，农场安置孤儿、复退转业军人、下放干部、知青、邻近社队农民、归难侨等各类人员共23837人，其中归难侨主要来自越南，还有少量来自印度尼西亚、新加坡、泰国、马来西亚、老挝、缅甸等国家或地区。20世纪50年代初，曾有14名巴基斯坦、英国、泰国、朝鲜、苏联等国籍的人员在农场寄居过。

1951年11月16日，从佛山教养院接收30多人。同年12月，从雇请来场建造防洪基围的当地农民中吸收30多人进场。

1952年至1991年，安置复退转业军人1500多人（不含家属）。

1952年至1969年，先后接收安置来自广州、佛山、韶关等地的孤儿297人。1959年至1967年，先后从杨村儿教院转来安置孤儿700余人。两项合计，共接收孤儿1000人左右。

1956年至1977年，先后从邻近社队并入50个生产队7361人（其中劳动力3126人）。

1969年至1972年，安置省直机关干部1500余人。

1978年至1991年，先后安置越南归侨及从清远、蕉岭等地华侨农场重新安置来场的难侨共7821人。

二 组织机构

（一）下属机构

1951年至1954年，农场根据管理上的需要和生产、生活上的便利，全场分为4个区队，即石岗岭区、塔下区、榄岭区、平塘区。

1962年，并入原国营十二岭农场，改称十二岭区，共5个区，即石岗岭区、塔下区、榄岭区、平塘区、十二岭区。

1964年至1965年，在原来5个区的基础上增加了石坝、风门、桔子3个区，同时增加大坑、小坑2个区。

1975年至1977年，从塔下区分出塔东区，组建朝田区。

20世纪80年代初，随着改革开放的进一步深入，实行生产承包责任制、家庭联产承包责任制，将区改为分场，共有石岗岭、塔下、榄岭、坪塘、十二岭、石坝、风门、桔子、大坑、小坑、塔东、朝田12个分场。

至2003年，12个分场均改称办事处，设支部书记、主任等基层管理人员。

（二）主要组织机构

1. 党组织

1952年5月以前，仅有部队转业来场的2名党员，尚未建立党的基层组织。

1952年6月以后，陆续调入一批党团员，经广东省民政厅党组同意，在农场设立党团临时联合支部。不久，党团组织分设，成立党支部。

1953年夏，正式成立"中共广东省民政厅杨村农场支部"。

1959年，党员人数达到56人。经中共博罗县委同意，成立"中共广东省民政厅杨村基层委员会"。

1970年，改为"中共惠阳专区五七农场委员会"，后改为"中共广东省国营杨村柑桔场委员会"。

1978年至2002年，改称"中共广东省杨村柑桔场委员会"。

2003年5月，撤区建镇，改称"中共杨侨镇委员会"。

2. 职工代表大会

农场职工代表大会，是企业实行民主管理的基本形式和基本制度，是职工行使民主管理权利的机构。

1981年，首届职工代表大会召开，共选出代表318名。

此后，逐步建立健全职工代表大会制度，每年都举行一次例会。

截至1991年3月16日，农场先后民主选举产生四届职工代表大会。

截至2000年5月25日，先后选举产生七届职工代表大会。

3. 农场工会

农场工会组建于1978年，党委专人负责工会的筹备工作。1983年3月，正式成立第一届工会委员会，主席王有礼（兼职）。截至1991年3月16日，先后民主选举产生四届工会委员会。这一时期工作组织健全。据1991年上半年统计，分场、场直单位已建立基层工会组织30个，车间、生产队、场部机关建立工会委员会107个，全场班、组建立工会小组512个，有工会会员7660人，占在职职工的98.47%。

4. 侨联组织

1982年4月3日，广东省归国华侨联合会批复同意成立国营华侨杨村柑桔场侨联；华侨农场侨联为一般人民团体；华侨农场侨联在场党委领导下开展活动；华侨农场侨联直接受地区侨联指导，并同所在县侨联保持密切的联系；华侨农场侨联还应向省华侨农场管理局反映情况，争取指导。① 1982年7月，农场第一届侨联成立，主席为池延敬（兼职）。截至1991年9月25日，先后选举产生四届侨联委员会。这一时期，各分场均设立侨联小组，12个小组成员共79人。各侨联小组组长由侨联委员会委员担任，形成侨联工作网和基础，侨联组织日益健全，越来越明显地发挥着桥梁和纽带作用。

第二节　潼湖华侨农场发展概况

潼湖华侨农场位于惠州市西南部，是东江中下游与石马河出口交界处的一个低洼区，北纬21度，东经11度12分。东面、南面与陈江街道相邻，西北、西面、背面与潼湖镇相连，西面与广州军区军垦农场队甲子河为界，总面积23.75平方千米。距惠州市区16千米，距深圳市70千米，距东莞市樟木头镇35千米，距惠州市大亚湾经济开发区30千米。场部坐落于菠萝山。菠萝山原名鹧鸪石，原是一座

---

① 广东省归国华侨联合会：《批复有关华侨农场成立侨联的问题》，1982年4月3日。

小山丘，因山顶有石头形似鹞婆鹰鸟而得名。1960年，当地群众垦荒种植菠萝而得名。2003年12月，撤场设镇。下辖菠萝山社区居委会、侨冠居委会、学溪居委会、新华居委会、红岗居委会5个居委会以及金星村、宏村村、光明村3个村委会，面积31平方千米，常住人口1.2万人，其中归侨侨眷4000多人。

一 发展沿革

潼湖华侨农场是在原惠阳县潼湖畜牧场的基础上筹建的。其发展经历了三个时期：一是改革开放前期，即从建场到1979年，是农场的第一个发展阶段。这一时期以建设居民点、开展围垦造田等大规模的农田水利基本建设以及接待、安置归难侨为主要工作；生产经营方针是以粮为纲，粮食作物以水稻为主，农林牧副渔并举。二是改革开放初期，即从1980年至2003年，是农场的第二个发展时期。这一时期主要探索并初步进行经营管理方式、产业结构调整以及管理机构与体制的改革；生产经营的方针是，农业在保证粮食自给的基础上，以茶为主，多种经营；工业引进外资，兴办外经企业。三是深化改革期，即从2004年至2011年。2002年起，开始进行综合体制改革。2003年12月，撤销潼湖经济管理管理区，设立潼侨镇，划归惠城区管辖。2010年2月，划归惠州市仲恺高新区管辖。

（一）地理环境

潼湖华侨农场属东江中下游丘陵平原区，地势北部高南部低。北部是丘陵山坡斜地，地势似马蹄形。地处北回归线以南，属南亚热带季风型气候，冬季温暖，夏热多雨，年平均气温在22.4℃，最高气温38.9℃，最低气温-1.9℃，多年平均降雨量1751毫米。流经河流主要有甲子河和吴村河。甲子河发源于黄沙水库和八一水库，流经红岗，与吴村河汇合后流入潼湖，后经东岸流入东江。农场位于东江南岸冲积平原，有许多低缓岗丘、沟道、湖涵和坑塘。第四纪土层残坡、残层以红黄色亚黏土和细砂质亚粘土为主，基层大部分为第三纪红色砂岩，岩性软弱，易水化剥蚀，形成残丘与湖塘相间。

（二）创办缘由

潼湖华侨农场是在原惠阳县国营潼湖畜牧场的基础上建立的。惠阳县国营潼湖畜牧场筹建于1959年11月8日，同年12月31日正式成立。惠阳县国营潼湖畜牧场场员由金星、宏村、光明三个大队的社员及该场于1964年9月至1965年先后接待安置的402名汕头地区的上山下乡知识青年组成。1966年7月后，中央华侨事务委员会接管惠阳县国营潼湖畜牧场，并筹建广东省国营潼湖华侨农场。1967年，又将陈江公社的一部分土地划入，同时将陈江青年农场的26名汕头上山下乡知识青年划入。根据1966年广东省华侨事务委员编制的《潼湖华侨农场设计任务书》，筹建范围除了惠阳县国营潼湖畜牧场外，还包括潼湖、沥林、陈江3个公社，总面积47万亩。至1976年，农场实际范围：东至陈江观田村，南至陈江宏村村，西至潼湖三和村，北至陈江社溪村。此后，农场面积多次缩减。

（三）创办过程

1964年，中共中央政治局委员、中南局书记兼广东省委第一书记陶铸率广东省委常委、秘书长李子元一行，在东江地委、惠阳县委有关领导陪同下对潼湖进行为期三天的考察。1966年3月，为了接待安置归难侨，中央华侨事务委员会主任廖承志再次派人来潼湖实地考察。1966年8月15日，广东省华侨事务委员编制《潼湖华侨农场设计任务书》，并派钟育华等人会同惠阳地区专署联合筹建广东省国营潼湖华侨农场。1966年10月底，"广东省国营潼湖华侨农场"正式成立。

（四）建置沿革

1. 隶属关系

1966年10月底起，属广东省华侨事务委员会领导。

1968年11月6日，成立"广东省国营潼湖华侨农场革命委员会"。

1969年5月20日，属惠阳县领导。

1974年，属广东省农业局农牧处领导。

1978年，属广东省华侨农场管理局领导。

1988年10月，属惠州市领导。

1995年4月,惠州市委、市政府决定在农场的基础上成立"惠州市潼湖经济管理区",保留"惠州市潼湖华侨农场"名称,实行"两块牌子,一套人马"的管理模式。

2003年12月23日,撤区设镇,归惠城区领导。

2010年2月,转由惠州市仲恺高新技术产业开发区领导。

2. 名称变更

1996年,定名"广东国营潼湖华侨农场"。

1969年5月20日,更名"广东省国营潼湖农场"。

1974年,更名为"广东省惠阳国营潼湖华侨农场"。

1978年,更名为"广东省国营潼湖华侨农场"。

1981年11月18日,更名为"广东省潼湖华侨农场"。

1992年4月,更名为"惠州市潼湖华侨农场"。

1995年4月,加挂"惠州市潼湖经济管理区"牌子。

2003年12月23日,更名为"惠州市惠城区潼湖镇"。

2010年2月,更名为"惠州市仲恺高新技术产业开发区潼侨镇"。

(五)人员安置

1966年建场后,安置菲律宾归侨1人。

1967年2月18日,安置首批印尼、缅甸归侨共17人。全年安置印尼、缅甸归侨400户1357人。

截至1980年,共安置菲律宾、印尼、缅甸、柬埔寨、新加坡、越南、泰国、日本、印度、老挝、法国、马来西亚、沙捞越、北婆罗洲14个国家和地区的归侨、难侨1824户8153人。从1990年至1991年,共安置从英红、英华、陆丰、大南山、蕉岭、普宁、岗美、合成、黄坡、珠江10个侨场调整到潼湖华侨农场重新安置的归侨、难侨45户212人。

二 组织机构

(一)下属机构

1966年至1978年,农场有10个全民所有制生产队及金星、光明、宏村3个集体所有制农村大队。1978年,安置越南归侨,增设4

个茶叶队，即茶一队、茶二队、茶三队、茶四队。1988年，农场下放惠州后，在生产队和场部之间增加一级管理机构，分别是一区、二区、三区、四区、茶区、金星区、光明区、宏村区。2003年设镇后，撤区队，设菠萝山、侨冠、新华、红岗、学溪5个社区（居委会）及金星、宏村、光明3个村委会。

（二）主要组织机构

1. 党组织

1960年1月至1963年3月，中共惠阳县国营潼湖畜牧场委员会。党委书记丘培林，党委副书记、场长高佛带，党委副书记、副场长黄观生。

1963年4月至1966年12月，中共惠阳县国营潼湖畜牧场委员会，党委书记黄观生，党委副书记、场长李志成（1966年3月后张瑞良任党委副书记、场长），党委副书记叶其顺。

1967年1月至1969年11月，中共广东省国营潼湖华侨农场委员会，代理党委书记曹连枝，革委会主任张发泰，党委副书记叶其顺。

1969年12月至1973年12月，中共广东省国营潼湖华侨农场委员会，革委会主任（1969年至1970年），党委书记、革委会主任何仕雄（1971年1月任），党委副书记、革委会副主任刘金带，党委副书记、革委会副主任曾劲基，党委副书记殷人杰，党委副书记叶其顺。

1974年1月至1975年2月，中共广东省惠阳县国营潼湖华侨农场委员会，党委书记、革委会主任曾奋，党委副书记、革委会副主任曾劲基，党委副书记、革委会副主任殷人杰。

1975年3月至1978年8月，中共广东省国营潼湖华侨农场委员会，党委书记、革委会主任肖石仁，党委副书记、革委会副主任曾劲基，党委副书记、革委会副主任殷人杰，党委副书记、革委会副主任陈志忠，党委副书记张瑞良，党委副书记张德有。

1978年9月至1980年4月，中共广东省国营潼湖华侨农场委员会，党委书记、场长肖石仁，党委副书记、副场长曾劲基，党委副书记张瑞良，党委副书记朱彰淡。

1980年5月至1981年6月，中共广东省国营潼湖华侨农场委员会，党委书记张兴，党委副书记、副场长曾劲基，党委副书记、副场长张瑞良，党委副书记、工会主席张德有。

1981年7月至1983年3月，中共广东省潼湖华侨农场委员会，党委书记张兴（1982年后张瑞良任书记），党委副书记、场长曾劲基，党委副书记赖石添。

1983年4月至1984年3月，中共广东省潼湖华侨农场委员会，党委书记张瑞良，党委副书记、场长曾劲基，党委副书记赖石添，党委副书记李石稳。

1990年9月至1993年9月，中共惠州市潼湖华侨农场委员会，党委书记、场长李石稳，党委副书记、场长曾劲基（1991年8月病故），党委副书记赖石添，党委副书记、副场长张何容，党委副书记卢桂才。

1993年9月至1998年12月，中共惠州市潼湖华侨农场委员会，党委书记、场长（惠州市潼湖经济管理区区长）李石稳，党委副书记、副场长（惠州市潼湖经济管理区副区长）张何容，党委副书记卢桂才。

1999年1月至2003年12月，中共惠州市潼湖经济管理区委员会，党委书记李石稳，党委副书记、区长（惠州市潼湖华侨农场场长）黄建华，党委副书记张何容。

2004年3月2日，成立"中共潼侨镇第一届委员会"，党委书记陈仲刚，副书记、镇长廖爱荣，党委副书记巫文戈、张建平、刘世宏。

2006年9月，成立"中共潼侨镇第二届委员会"，党委书记陈仲刚（2006年8月至2010年5月，2010年5月后廖爱荣任书记），党委副书记、镇长廖爱荣（2006年8月至2010年5月），党委副书记王国聪、巫文戈、吴章仲。

2. 侨联

1980年，成立广东省国营潼湖华侨农场归国联合会。

2005年10月25日，潼侨镇侨联第一届委员会成立，胡爱华当选为侨联主席，副主席刘官洪。

第二章 转型前的杨村华侨柑桔场、潼湖华侨农场

华侨农场的设立，最初强调其政治属性，即安置归难侨，改善其生活。"虽然华侨农场的性质是国有农业企业，但是它的设置主要不是为了获得经济绩效，而是以改善归难侨生产、生活为目标。"① 在20世纪80年代的经济改革之前，国家创办华侨农场，接待、安置无家可归的归难侨，并将华侨农场纳入计划经济体制之内，给予华侨农场特殊的照顾。相较于珠江、兴隆等早期华侨农场，杨村、潼湖华侨农场虽然接待、安置归难侨的"侨牌"属性相对较晚，但它们是华侨农场发展链条上的一环。换言之，它们虽未与华侨农场的全程相始终，但其中后段与华侨农场的发展轨迹是一致的。

第一节 侨务政策与华侨农场建设

一 20世纪50年代中国安置归难侨政策与工作

中华人民共和国成立之初，为了安置归难侨，中国政府制定归难侨安置政策，并创造性地建立一批华侨农场，解决他们的生计和工作问题。这批华侨农场主要集中于广东、福建两大侨乡省份，为后续其他省区建立华侨农场提供了经验。

---

① 黎相宜：《国家需求、治理逻辑与绩效——归难侨安置制度与华侨农场政策研究》，《华人华侨历史研究》2017年第1期。

(一) 安置政策

新中国成立后,大量归侨和难侨回国,或希望投身新中国的建设,或因亚洲一些国家排华而被驱逐回国。据不完全统计,1950年至1953年11月,有归难侨15万余人回国。① 为了安置好被驱逐的难侨,中央人民政府政务院发出《好好安置难侨,不使其流离失所》的通知。与此同时,制定了具体的安置措施:"按籍安置,面向农村,有技能者量才录用。"1953年11月,中央人民政府华侨事务委员会在《接待与安置归侨、难侨的工作报告》中指出,"对于无法在国外维持而已经归国的侨胞,我国内的侨务机关当根据实际的可能条件,适当的予以处理和安置,根据国家'增加生产、厉行节约'的建设精神,采取积极的生产自救的方针,而不是消极的单纯救济的方针;组织归侨、侨眷生产,发扬归侨、侨眷在生产中的积极性与创造性,以共同克服困难。"② 由于这一时期归难侨数量比较少,且零星分布,政府采取"分散安置为主、集中安置为辅"的模式,在适合种植亚热带和热带经济作物的广东、福建等南方地区开辟农场,吸收归侨侨眷参加农业生产。

(二) 安置工作

为了安置好归侨侨眷,中央人民政府还紧急谋划处置办法,包括如何接运返国,如何审查登记,如何收容接待,如何遣送回籍,如何介绍工作等,都进行过周密的部署。③ 1950年11月,中央人民政府华侨事务委员会、救济总会、广东省华侨事务委员会、福建省华侨事务委员会、广东省潮汕专区、汕头市等单位组成"归国难侨临时处理委员会",在难侨入境的口岸广州下设办事处(简称'难侨处')。难侨处在汕头设立难侨接待站,自1950年11月起接待、安置难侨。此

---

① 董中原主编:《中国华侨史》(1),中国社会科学出版社2017年版,第7页。
② 中央人民政府华侨事务委员会:《接待与安置归侨、难侨的工作报告》,中央人民政府华侨事务委员会扩大会议秘书处印,1953年11月1日,第3页。
③ 龙云弟:《从粤档文献看建国三十年归难侨安置政策(1949—1979)》,《八桂侨刊》2010年第4期,第37页。

外，“归国难侨临时处理委员会”还在福州、晋江设立分处，在厦门、漳州设立接待站。

广东是接待东南亚难侨最主要省份之一。1950 年至 1952 年，广州、汕头、海南岛等地的华侨服务站接待归侨、难侨 5 万余人。对于其中的 19 批 13100 人马来西亚难侨，广东省政府将 7500 人资送回乡从事生产，将 2800 多人安排在海南岛万宁县和东莞万顷沙华侨农场参加劳动。400 多人参加了人民政府机关、工矿业部门工作，一部分华侨青年被送进学校读书，年老残废的得到了妥善安置。① 到 1955 年 10 月底，广东侨委接收 34 批马来西亚难侨。

惠阳专区 归国华侨政治情况分类统計表　1953.6.10

侨居国	归侨总人数	运动中被鬥争及被正面审查人数	反革命分子				其他坏分子			嫌疑分子		已查清有一般历史問題或无問題的分子	需継續考察了解的分子	备註
			現行的派遣特务間諜分子	現行反革命破坏分子	历史間諜特务分子	其他	叛变分子	流氓分子	其他	正在偵察中的重大嫌疑分子	有一般嫌疑的分子			
日本	1													
泰国														
印尼	1													
緬甸														
馬来亞	73	1				1				1		10		
菲律宾														
印度														
越南	9											1		
韓鮮									—					
英國	1													
新加坡	2													
澳大利	1													
总計	88	1				1				1		11		

註：1.嫌疑分子要包括在运动中鬥争过的和没有触动过的分子。2.这里所說的归侨系指解放后回国的华侨。3.請在备註栏内註明现行派遣特务間諜分子的系統。

图 2－1　20 世纪 50 年代归国华侨政治情况分类统计表

① 何香凝：《一九五二年国庆对华侨的广播词》（1952 年 10 月 1 日），载尚明轩、余炎光编《双清文集》下卷，人民出版社 1985 年版，第 4 页。

（三）华侨农场的创办

为了帮助归侨、难侨解决生计问题，帮助他们自食其力、自我救助，中央人民政府一方面拨付巨款在广东、福建等地开辟农场，安排归难侨参加生产；另一方面，鼓励有一定经济实力的华侨回国投资兴办农林牧场和实业，既支援国家经济建设，又解决部分归难侨的就业问题。在此背景下，出现一些国营、私营、公私合营华侨农场。

国家最早在广东、福建创办第一批国营华侨农场。福建省先后创办"国营福建省云霄常山华侨农场""永春北硿华侨农场"等。广东省先后创办的华侨农场有"兴隆华侨农场""花县华侨农场""广东省国营珠江农场""广东省陆丰归国华侨顶埔集体农场""国营英德华侨农场"等。

二 20世纪60年代中国安置归难侨政策与工作

20世纪50年代后期至60年代，印尼、缅甸等东南亚国家排华，大量华侨被迫回国。为做好归侨、难侨的安置工作，中央人民政府改此前"分散安置为主，集中安置为辅"的方针为"集中安置为主，分散安置为辅"的方针，在全国兴办了40多个国营华侨农场和国营华侨工厂。这一时期，华侨农场获得初步发展。

（一）安置政策

20世纪50年代末，印尼当局制造大规模反华、排华事件，致使大量华侨被驱逐出侨居国。为此，中国政府一方面利用外交手段争取和平解决印尼排华问题；另一方面，积极做好撤侨、接侨工作。1959年12月20日，中共中央发出《关于准备大量接待归国华侨的指示》，要求有关各省和有关部门认真做好迎接和安置归侨的工作。[①] 1960年1月9—12日，中侨委、农垦部召开各有关省区侨务、农垦、国营华

---

① 中共中央：《关于准备大量接待归国华侨的指示》，1959年12月20日，国侨办档案室藏。

侨农场主要领导参加的安置归侨工作会议。会议确定接待和安置归侨的方针、任务，即根据"集中安置为主、分散安置为辅"的方针，主要在广东、云南、福建、广西等地扩建、新建国营华侨农场，集中地、大量地安置归侨，便于集中教育管理。① 广东省华侨事务委员会发文要求，对于已经返回原籍参加农业生产的归侨，原则上不能批准去华侨农场，必须加强思想教育，使其安心原籍农业生产。个别家居城市、原籍家乡无亲人，或者其直系亲人在华侨农场的应届毕业落考归侨学生，为了解决他们的生活出路，考虑送华侨农场参加劳动生产。② 此外，对于华侨知识青年到华侨农场参加劳动，应按照《中侨委关于安置归侨知识青年参加国营华侨农场劳动的具体办法（试行草案）》执行；16岁以下，或者患有慢性病未经医生证明可以参加劳动的，以及有严重违法乱纪行为，本人又无认识者，都不宜安置到国营华侨农场。③

（二）安置工作

1960年，国务院发布《关于接待和安置归国华侨的指示》，成立"中华人民共和国接待和安置归国华侨委员会"，负责统筹归国华侨的接待和安置工作，由廖承志担任主任委员，在广州设立办事处，办理具体事务。此外，在广州、汕头、湛江、海口等主要口岸设立接待归难侨的临时机构。广东、福建、广西、云南等省（区）相继成立接侨领导机构，新建、扩建若干华侨农场为长远安置归侨的基地，同时准备大量的生活品免费供给难侨，并根据本省（区）特点，因地制宜开展归侨安置工作。

1960年2月4日，广东省成立接待和安置归国华侨委员会办公室，主任委员由省委书记文敏生担任，同时在黄埔、湛江、汕头、海

---

① 《安置300万至500万归国华侨的分配方案（草案）》，1960年1月8日，国侨办档案。
② 广东省华侨事务委员会：《函复归侨要求到华侨农场劳动问题》，(65)侨待机字第2867号。
③ 广东省华侨事务委员会：《关于安置归侨知识青年到华侨农场参加生产劳动的通知》，(65)二机字第3466号。

口4个港口设立接待机构。① 1960年1月至11月底，经由广州、湛江各口岸接待的华侨88247人，其中在广东安置的25189人，占归侨总数的28.5%。大部分归侨被安置到全省18个国营华侨农场和6个国营华侨农场。② 1965—1966年印尼排华事件后，广东成为主要难侨安置点。截至1967年8月2日，广东省侨委会接待难侨达2万人，安置9200人，其中从印尼接回的归侨1.5万人（广东安置7000人），从越南、缅甸、印度和其他地区零星自费回国的华侨约5000人（广东安置2200人）。③ 1968年，广州口岸接待安置归侨1736人，绝大部分安置在广东、福建两省，其中广东安置1376人。

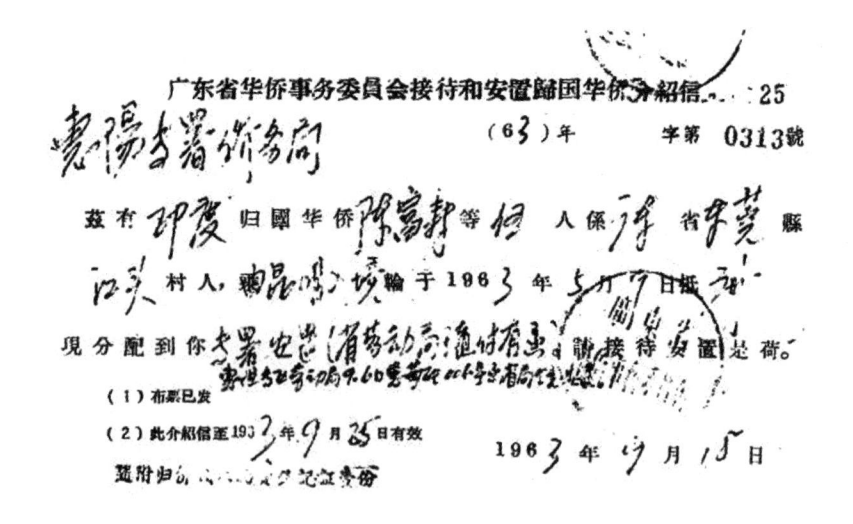

图2-2　20世纪60年代广东省华侨事务委员会接待和安置归国华侨介绍信

---

① 《文敏生在广东省接待和安置归国华侨委员会第一次委员扩大会议上的报告》，1960年2月8日。转引自杨建《1959年印尼排华事件与广东华侨安置》，《广东党史》2005年第1期。

② 广东省华侨事务委员会分党组：《关于1961年接待和安置归国华侨任务分配问题向省委的请示报告》，1960年12月30日。转引自杨建《1959年印尼排华事件与广东归侨安置》，《广东党史》2005年第1期。

③ 张小欣：《"九三〇"事件后中国对印尼归难侨救济安置工作论析》，《华侨华人历史研究》2011年第2期。

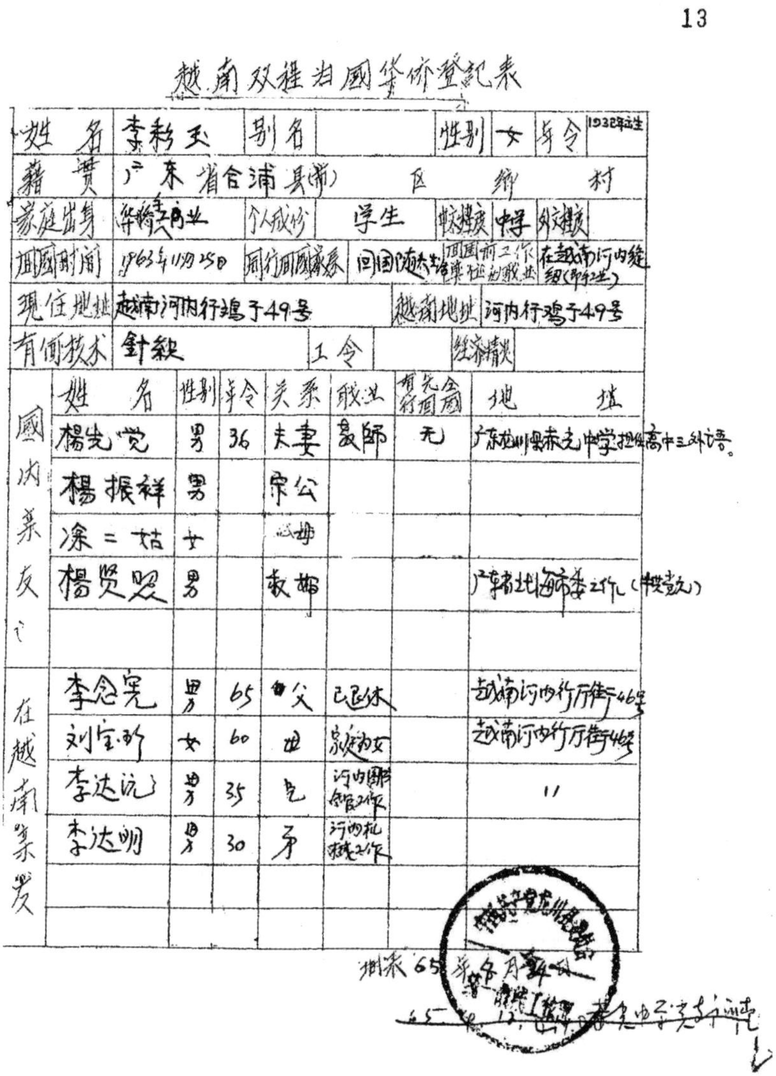
13

越南双推出国华侨登记表

姓名	李彩玉	别名		性别	女	年令	1932年出生
籍贯	广东省合浦县(市)　区　乡　村						
家庭出身	华侨商业	个人成份	学生	文化程度	中学	外文程度	
回国时间	1963年11月25日	同行回国家属	回国随带物资	回国前工作单位职务	在越南河内缝纫(部主任)		
现住地址	越南河内行鸡子49号		越南地址	河内行鸡子49号			
有何技术	针织	工令		经济情况			

	姓名	性别	年令	关系	职业	有无全行回国	地址
国内亲友	杨先觉	男	36	夫妻	教师	无	广东钦州安东中学担任高中三外语。
	杨振祥	男		家公			
	涂二姑	女		家婆			
	杨贤罡	男		叔			广东省北海市委工作(担任…)
在越南亲友	李念宪	男	65	父	已退休		越南河内行厅街46号
	刘宝珍	女	60	母	家庭妇女		越南河内行厅街46号
	李达沅	男	35	兄	河内国营食品工作		〃
	李达明	男	30	弟	河内机械工作		

填表65年8月　日

图2－3　20世纪60年代越南归国华侨登记表

（三）华侨农场建设

20世纪60年代初，华侨安置方针仍然是“面向农村”，但由“分散安置”改为“集中安置”在华侨农场。因此，全部华侨农场由中侨委直接领导和管理。1961年至1963年，为安置归国华侨，全国新建、扩建32个国营华侨农场。华侨农场总人口103700人，其中归侨59320人，国内职工16139人，并进农场的公社生产队农民28272人。① 这一时期新建、扩建华侨农场32个。

就广东而言，改造扩建阳春华侨林场、清远华侨农场，新建惠阳县潼湖华侨农场。1960年1月，中侨委决定在梅县创办蕉岭华侨农场。1961年，设普宁华侨农场。1962年，接待归难侨约2000人。

三 "文化大革命"期间的归难侨安置与华侨建设

"文化大革命"期间，侨务工作也受到巨大冲击，侨务机构被撤销，侨务领导人、侨务干部、归侨、侨眷遭批斗、迫害，很多地方侨务工作无法正常开展。在20世纪50年代末60年代初获得初步发展的华侨农场也不可避免地被卷入这一政治风暴中，遭受不同程度的冲击。

（一）归侨安置与人口流动

"文化大革命"期间，华侨农场人口流动主要包括流入、流出两种形式。就流入而言，主要包括归侨安置、知青安置、退伍军人安置、其他农场（或非农场单位）调入。就流出而言，主要包括以下几种形式：一是调整到其他农场；二是调出非农场单位②；三是返回祖籍地或因招工、出境等原因离开农场。

1. 归侨安置

"文化大革命"期间，归难侨主要来自印尼、缅甸、朝鲜等国家。这一时期，侨务工作贯彻"集中安置为主，分散安置为辅"的方针：一方面，国家将归侨集中在已建成的华侨农场；另一方面，新建一批华侨农场安置归难侨。

---

① 《中共中央、国务院批转中侨委关于国营华侨农场问题的报告》（中发〔1963〕217号文）。

② 根据国务院有关指示，对一些具有特殊情形的华侨知青、归侨应当照顾安排到工厂、企业或调整安排适当工作。参见广东省革命委员会《关于一九七三年接待安置归侨计划的通知》（摘录），粤革发〔1973〕72号；广东省革命委员会《关于做好上山下乡华侨学生工作的通知》，粤革发〔1973〕124号。

第二章 转型前的杨村华侨柑桔场、潼湖华侨农场

潼湖华侨农场创办于 1966 年，并于当年接待安置菲律宾归侨 1 人。1966 年 12 月 8 日，为了做好接待安置归难侨工作，惠阳专区决定成立"惠阳专区接待和安置归国华侨委员会"，组长贾华；小组下设办公室，办公室设在惠阳专员公署侨务局。1967 年 2 月 18 日，接待安置首批从印尼、缅甸等国归侨 17 人。1966 年至 1968 年，安置 967 户 3706 人。①

2. 其他形式的人口流动

"文化大革命"期间，归侨安置是华侨农场人口流入的最主要形式。这一时期，许多农场安置大量的上山下乡知识青年和复员退伍军人。广东省华侨农场安置相当数量的华侨知青。1973 年，广东省革命委员会在《做好上山下乡华侨学生工作的通知》中指出，"我省上山下乡华侨学生约三千二百人（已出国、升学、参军、进工厂的除外）。其中在生产建设兵团的约一千八百人，在国营农场、华侨农场的约八百人，在农村插队的约六百人。"② 在华侨农场人口流出的诸多形式中，归侨离开农场出境人数多，社会影响大。1971 年 6 月 18 日，国务院颁布《关于华侨、侨眷出入境审批工作的规定》，对归侨侨眷申请出国或去港澳地区的六种情形进行具体规定。1972 年以后，获准出境的归侨侨眷有所增加。其中，福建省平均每年出境 10000 多人，广东省平均每年出境 3600 多人。③

除了归侨外，知青是杨村、潼湖华侨农场人口的主要来源之一。潼湖华侨农场知青主要来自潮汕和部队。第一次接纳是在 1964 年，以后又分四批次陆续安置 402 名汕头知青。第二次是在 1976 年、1977 年，安置潮州和揭阳知青 127 人。④ 此外，1974 年，经广东省侨务办公室同意，潼湖华侨农场接收安置部队知青 45 人。归侨生是知

---

① 廖爱荣主编：《惠州市潼湖华侨农场（潼侨镇）志》，2012 年版，第 20 页。
② 广东省革命委员会：《关于做好上山下乡华侨学生工作的通知》，粤革发〔1973〕124 号。
③ 董中原主编：《中国华侨史》（1），中国社会科学出版社 2017 年版，第 124 页。
④ 廖爱荣主编：《惠州市潼湖华侨农场（潼侨镇）志》，2012 年版，第 20 页。

青的重要组成部分。1973年,根据广东省侨务委员会的安排,潼湖华侨农场接收400名新归侨生参加"文化大革命"及生产劳动。

杨村华侨农场的归侨主要来自广州、湛江、惠州、河源、龙川、澄海、揭阳、潮阳、潮安等地。1960年至1977年,安置上山下乡知青5655人。① 此外,流入人口还包括水库移民。潼湖华侨农场移民队主要来自枫树坝发电站水库移民。1972年,移居移民队的枫树坝水库移民124人。② 就华侨离场出境而言,1971年至1976年,潼湖华侨农场出境245人,其中香港204人,澳门41人。

(二) 华侨农场建设

"文化大革命"期间,为了安置归难侨,除已建华侨农场外,还新建一批华侨农场。比如,福建省创办武夷华侨农场、泉上华侨农场、东湖塘华侨农场等,吉林省创办扶余华侨农场,广东省创办潼湖华侨农场。

为了接待安置归难侨,1966年3月,中侨委主任廖承志派人来潼湖实地考察。1966年7月6日,广东省人民委员会同意省侨委上报方案,在惠阳潼湖地区建华侨农场,并请省侨委遵照中央侨委的批示,组织力量进行勘测规划,筹办农场。1966年8月15日,广东省华侨事务委员会编制《潼湖华侨农场涉及任务书》,并派钟育华等会同惠阳地区专署等有关部门联合筹建广东省国营潼湖华侨农场。1966年10月,根据中华人民共和国华侨事务委员会于10月15日签发的《关于潼湖华侨农场设计任务书的批复》,组成"国营潼湖华侨农场筹建委员会"。1966年10月底,农场正式定名"广东省潼湖国营华侨农场",由广东省华侨事务委员会直接领导。

四 20世纪70年代末至80年代中期归难侨政策与工作

20世纪70年代,由于越南、柬埔寨、老挝等国排华,大量归难

---

① 《广东省杨村华侨柑桔场建场四十周年》编写组:《广东省杨村华侨柑桔场建场四十周年(1951—1991)》,1991年版,第33页。

② 廖爱荣主编:《惠州市潼湖华侨农场(潼侨镇)志》,2012年版,第29页。

侨以国际印支难民的身份回国。"中国当时是作为国际难民接收国的身份接收了这些越南归难侨，为此联合国难民署还拨款给中国政府，以实现对这些印支难民的安置。"① 因此，这一时期的归难侨与 20 世纪 50 年代、60 年代的归难侨有着本质的不同。为此，为了接待、安置这批难侨，中国政府在广西、云南、福建、广东等省（区）设立华侨农场。中国政府归难侨安置，产生了巨大的国家影响，"树立了中国作为负责任大国的形象，在一定程度上提高了中国在国际社会中的地位"②。

（一）难侨安置

1. 安置政策

1978 年 5 月，国务院召开接待安置越南归侨的专门工作会议。会议决定接待、安置工作的方针政策："基本上集中安置在现有的或新建的国营华侨农场、盐场、工厂或者安置在其他国营农场和工矿业，也可以搞一些集体所有制的农、牧、副、渔业和一些小企业，如华侨渔民可以组织渔业生产队。对难侨中的技术人员和专业人员，尽量做到因材使用，合理安排。个别人在原籍农场有亲人要求回原籍生产队安家，当地应热情欢迎，妥善安排。"③ 1978 年 6 月，公安部与国务院侨务办公室联合发出解决越南归侨户口问题的通知，与 20 世纪 50 年代以来接待安置印尼、马来西亚等国归难侨的运作机制基本相同。

2. 难侨安置

1979 年 8 月，国务院召开接待安置印支难民工作会议，部署对接待安置工作，并决定成立国务院接待安置印支难民领导小组，办公室设在民政部，部长程子华任组长。随后，广东、云南、广西、福建、江西等省（区）相继成立接待安置难侨领导小组，各地、市、县也

---

① 黎相宜：《国家需求、治理逻辑与绩效——归难侨安置制度与华侨农场政策研究》，《华人华侨历史研究》2017 年第 1 期。
② 黎相宜：《国家需求、治理逻辑与绩效——归难侨安置制度与华侨农场政策研究》，《华人华侨历史研究》2017 年第 1 期。
③ 周聿峨、郑建成：《在华印支难民与国际合作：一种历史的分析与思考》，《南洋问题研究》2014 年第 3 期。

先后成立相应负责机构。

1978年至1988年，进入中国的印支难侨28.3万人，主要安置在广东、广西、福建、云南、江西等省（区），其中广东安置107000人；云南接待62000人，安置36790人；福建安置23000人。① 广西安置的归难侨最多，截至1988年年底，进入广西境内各口岸及隘口的难侨总数达222165人。②

1978年5月22日，中共惠阳地委决定成立接待安置归国华侨领导小组，组长李庆芬；小组办公室设在惠阳地区外事处。1978年至1980年，潼湖华侨农场接待安置归难侨3764人，其中1978年接侨2986人，是接侨最多的一年，占历年接侨总数的36.6%。1978年以来，杨村华侨农场先后接待安置难侨以及从清远、蕉岭等地华侨农场重新安置来场难侨7821人。

（二）华侨农场建设

大致而言，20世纪70—80年代，华侨农场经历了扩大、治乱、恢复、发展4个阶段。③ 由于这一时期归难侨规模大、人数多，原有的华侨农场不能满足安置工作的需要。为此，侨务部门重新接管原有的41个华侨农场，并新建华侨农场4个，并将41个农场改造成为华侨农场。至此，华侨农场发展到86个（现存84），其中广东29个，广西22个，福建17个，云南13个，江西3个，吉林、河北各1个。

杨村华侨柑桔场为了完成印支归侨的接待安置工作，努力完善生活设施。1978年至1979年，杨村华侨柑桔场完成生活建房5万多平方米；1980年，又完成生活建房15800平方米。这样，95%以上的归侨搬进新房；其余的归侨，也得到妥善安置。1981年，改善归侨的饮水条件和居住条件，从难侨事业费中下拨20万元修建水井、水塔，安装自来水管和修建侨房。截至1981年年底，建侨房面积65157

---

① 张晶莹：《华侨农场归侨的认同困惑与政府的归难侨安置政策》，《华侨大学学报》2013年第1期。
② 黄文波：《广西接待安置越南难侨概述》，《八桂侨刊》2011年第3期。
③ 董中原主编：《中国华侨史》（1），中国社会科学出版社2017年版，第154页。

平方米，人均9.2平方米，除去公共设施用房外，人均实住面积约7平方米；80%的侨队可以用上自来水。1982年，全场基建面积4516平方米，其中生产用房1038平方米，生活用房3478平方米；建自来水塔21座，食用水井16眼。

第二节 杨村华侨柑桔场、潼湖华侨农场的管理体制

20世纪80年代华侨农场经济体制改革之前，受社会、政治环境变化的影响，华侨农场管理体制也相应发生变化。大致而言，"文化大革命"前，华侨农场管理体制经历了一个从放权到相对集权的过程；"文化大革命"期间，虽然也大体表现为一个从放权到集权的过程，但呈现出一定的复杂性[1]；20世纪70年代末至80年代中期，华侨农场基本上收归省管。

一 20世纪50年代杨村华侨柑桔场、潼湖华侨农场管理体制

20世纪50年代初，华侨农场的行政体制开始为集体所有，后改为国营性质；人民公社时期入社，后脱离人民公社，重新改为国营农场。[2] 最早建立的一批华侨农场大多由中侨委直接领导，或由中侨委、农垦部和有关省区双重领导，但以中侨委为主实行管理。[3]

早期华侨农场的行政设置，一般根据规模大小，在场部下设生产、财务、宣教、基建等科（股、组、室）一类职能机构。出于管理上的需要和生产、生活的便利，一般实行场、区（管区）、队（厂）三级管理形式，有的采取场、队两级管理形式。

人民公社化时期，华侨农场加入人民公社。为此，中侨委研究制

---

[1] 参见董中原主编《中国华侨史》（1），中国社会科学出版社2017年版，第109页。
[2] 参见董中原主编《中国华侨史》（1），中国社会科学出版社2017年版，第35页。
[3] 童蓉：《二十世纪五六十年代中国政府安置印尼归侨政策研究》，硕士论文，暨南大学，2011年，第31页。

定关于华侨农场公社化后的体制、经营管理、领导权属等方面的政策措施。关于领导关系,由侨委与地方双重领导:侨委主要抓侨务政策、对外工作、归侨安置和教育、侨务干部的红专规划;关于财务问题,国营华侨农场是全民所有制,利润要上缴国家,不能按集体所有制分配给农民;关于分配问题,原华侨农场场员的工资不拉低,公社实行供给制,可将供给部分从场员工资中扣除。①

20世纪50年代,杨村柑桔场一直属广东省民政厅领导。1951年至1952年,在行政设置上,管理层级有三级,即场部—股(队、室)—队(大队、厂、组、班);1953—1959年,管理层级有四级,即场部—科(室)—股—组(队、厂、处);1954年以后,场部设办公室。1951年至1959年,根据管理上的需要和生产、生活上的便利,行政组织实行场—作业区二级管理模式,场直接管理各作业区。1951年至1953年,下设石岗岭、塔下、九村三个区队。1953年12月,三个区队分别改称一、二、三区。1954年至1955年,设石岗岭、塔下、榄岭、灯蕊坑四个耕作区。1956年至1957年,设第一作业区(即石岗岭耕作区)、第二作业区(即塔下耕作区)、第三作业区(即榄岭耕作区)、第四作业区(即灯蕊坑耕作区)、第五作业区(即齐子坑耕作区)五个作业区。1958年,并为两个作业区,原来第二作业区(塔下)、第五作业区(齐子坑耕作区)并入第一作业区;原第三作业区(榄岭)并入第二作业区,第四作业区(坪塘)改作第二作业区。1959年,分为第一作业区(即石岗岭,第五作业区撤销,并入第一作业区);第二作业区(即坪塘,含榄岭);第三作业区(即塔下)。

二 20世纪60年代杨村华侨柑桔场管理体制

20世纪60年代,各省(区)华侨农场的管理权又逐渐转移到省级侨委,新建的华侨农场也多由省级侨委管理。华侨农场在成立之

---

① 中央人民政府华侨事务委员会党组:《关于华侨农场不应并入人民公社的意见的报告》附件(二)《关于华侨农场和投资公司企业下放后的方案(草案)》,党组(59)字第116号,国务院侨办档案。

初,实行中侨委和有关省(区)委双重领导、以中侨委为主,委托农场所在地县(市)进行具体领导的领导体制。① 这种体制权力分散,在实际工作中出现一些弊端。为此,中侨委于1963年向中央提交《关于国营华侨农场问题的报告》,建议由中侨委直接领导和管理华侨农场。中央基本同意了中侨委的意见。此后,华侨农场成为中侨委的直属企业,主要实行中侨委领导各省(区)侨务处管理的体制。1969年,中侨委撤销后,华侨农场下放给各省(区)革委会。

在管理体制上,华侨农场大多实行场部—生产队两级管理。场部设立生产、财务、基建、教育等科室,根据规模的大小、人口的多少,科室设置有简有繁。

(一)杨村柑桔场机构设置

1960年至1965年,杨村柑桔场场部设办公室、生产、供销、基建、财务、总务等科室。

(二)杨村柑桔场行政组织

杨村柑桔场分两个阶段:1960年至1961年年底,实行总场—作业区二级管理;1962年至1966年5月,实行总场—分场—生产队三级管理。1960年至1961年,有第一耕作区(石岗岭)、第二耕作区(塔下)、第三耕作区(榄岭)、第四耕作区(坪塘)。1962年至1963年,有石岗岭、塔下、榄岭、坪塘、十二岭5个作业区。1964年至1965年,改作业区为分场,有石岗岭、塔下、石坝、榄岭、坪塘、十二岭、桔子7个分场。

三 "文化大革命"期间杨村华侨柑桔场、潼湖华侨农场管理体制

"文化大革命"期间,华侨农场管理体制一再发生变化,而且表现出一定的复杂性。一些华侨农场发生派性斗争,为了稳定形势,这些农场曾被军事管制。还有的华侨农场因"备战备荒"的需要,被

---

① 参见董中原主编《中国华侨史》(1),中国社会科学出版社2017年版,第77页。

划到相关军区的生产建设兵团，实行完全军事化管理。以广东省华侨农场为例，1963年，广东省将13个华侨农场下发地方统管，其中11个华侨农场一直被地方管辖直到再次被收归省管，还有两个华侨农场后来被纳入中国人民解放军生产建设兵团体制。① 生产建设兵团领导时期，实行军事建制，取消农场管理体制，领导基本上是现役军人；兵团撤销后，交由地方管理，基本上恢复"文化大革命"前的组织机构体系，撤销连排，恢复生产队。

"文化大革命"期间，农场内部管理一般实行二级或三级管理。这主要取决于农场规模。"所谓二级管理，即将全场分为若干生产队，由场部直接管理生产队，而由队负责所辖范围的日常生产、生活管理这样一种管理形式和管理体制。所谓三级管理，即在场部和生产队之间还设有管区。"② 大体而言，规模较小的农场实行二级管理，而规模较大的农场实行三级管理。

（一）杨村华侨柑桔场

1. 隶属关系

"文化大革命"期间，杨村华侨柑桔场没有实行军管，也没有纳入兵团体制。1966年至1969年，名为"广东省民政厅杨村农场"，属广东省民政厅领导。1968年，成立农场革委会。1970年至1973年，下放给惠阳专（地）区领导，先后更名为"惠阳专区五七农场""惠阳地区杨村柑桔场""惠阳地区柑桔场"。1974年，划归广东省农业局农垦处管理，更名为"广东省杨村柑桔场"。1975年，转归广东省农垦总局领导，更名为"广东省国营杨村柑桔场"。1976年，改隶广东省直属农场管理局领导。

2. 机构设置

1967年，成立杨村柑桔场临时生产指挥部，由军代表车殿君任主任。1968年，杨村柑桔场成立临时生产指挥部革命委员会，军代

---

① 参见董中原主编《中国华侨史》（1），中国社会科学出版社2017年版，第110页。
② 董中原主编：《中国华侨史》（1），中国社会科学出版社2017年版，第110页。

表车殿君任主任。革委会下设四个办事组：政工组、保卫组、办事组、生产组。1970年10月至1974年，党委书记兼革委会主任。1972年，撤销四个办事组，场部机关恢复科室建制。1974年至1976年，设置党委办公室、场办公室，下设柑桔科、农牧科、财务科、供销科、公交基建科、总务科、妇联、劳资科、保卫科、组织科、武装部、团委、知青办、宣教科、石岗岭法庭等职能部门。

3. 行政组织

1966年至1969年，实行场（指挥部）—分场（厂、队）二级管理，场（指挥部）管理石坝、小坑、塔下、大坑、石岗岭、榄岭、坪塘、桔子、风门、十二岭10个分场。1969年，成立工管会，辖加工厂、机修厂、机运队、机耕队、工程队、副业队等单位。1970年至1976年，继续实行场（指挥部）—分场（厂、队）二级管理。其中，1974年至1976年，在原来10个分场的基础上，增加塔东分场，共有11个分场；另外，增加砖厂、石灰厂、粮油加工厂、米粉厂、机修厂、工程队、商业综合公司、副业队等单位。

（二）潼湖华侨农场

1. 隶属关系

"文化大革命"期间，潼湖华侨农场既没有实行军管，也没有纳入兵团体制。1968年11月，成立广东省国营潼湖华侨农场革命委员会。1969年5月，下放给惠阳县领导和管理，更名为"广东省国营潼湖农场革命委员会"。1974年，划归广东省农业局农牧处领导，更名为"广东省惠阳县国营潼湖华侨农场"。1978年，转归广东省华侨农场管理局领导，恢复名称为"广东省国营潼湖华侨农场"。

2. 机构设置

1966年10月，在党委会领导下设政治部及行政办公室：政治部下设组织科、宣传科、保卫科、团委、武装部、妇联等部门；行政办公室下设财务管理科、生产科、商业科、工交科、人事科等部门。1975年，经博罗县委同意，设场党委、革委会办公室，政工股、生产股、后勤股、保卫股。

3. 行政组织

"文化大革命"期间，潼湖华侨农场实行场部—管理区—生产队三级管理，设有3个农业管理区13个生产队，1个茶叶管理区4个茶叶生产队，1个渔业管理区3个生产队，1个场直属畜牧队，另有集体所有制性质的金星、光明、宏村3个大队（共13个生产队）和移民队。

四 20世纪70年代末至80年代中期杨村华侨柑桔场、潼湖华侨农场管理体制

"文化大革命"结束后，全国各地华侨农场开始拨乱反正，认真落实国家的侨务政策。从1979年开始，国家投入大量资金，扶持华侨农场，使其尽快恢复和发展生产，改善归侨、侨眷的生活。这一时期，华侨农场管理体制与70年代越南等东南亚国家排华密切相关。大多数华侨农场结束"革委会"管理，根据中央和省政府的安排，做好归难侨的接待安置工作，重新确立农场的管理权。就上下级管理体制而言，华侨农场上收归省级管理，比如，福建、江西、福建、云南省等四省华侨农场在"文化大革命"后，隶属省侨办管理；广西壮族自治区华侨农场"革委会"管理结束后，由自治区侨办或自治区华侨企业管理局管理；广东（包括海南省，因为1988年海南才建省）华侨农场在"文化大革命"后，隶属于广东省华侨农场管理局管理。

（一）杨村柑桔场管理体制

1. 隶属关系

杨村柑桔场在"文化大革命"后划归省管。1977年，隶属于广东省直属农场管理局领导。1978年至1988年，隶属于广东省华侨农场管理局领导。

2. 机构设置

杨村柑桔场在结束"革委会"管理后，恢复农场管理体制。1977年至1988年，设党委办公室、场办公室，下设柑桔、农牧、供销、

计财、工交、劳资、侨务等科。1978年，停止使用"革命委员会"名称；1980年，成立党的纪律检查委员会。

（二）行政组织

1977年至1988年，实行总场—分场—生产队三级管理，有石坝、小坑、塔东、塔下、大坑、石岗岭、榄岭、坪塘、朝田、桔子、凤门、十二岭分场。

（三）潼湖华侨农场管理体制

1. 隶属关系

潼湖华侨农场"文化大革命"后也划归省管。1977年，属广东省农业局农牧处管理。1978年，转归广东省华侨农场管理局领导。

2. 机构设置

场部下设办公室、生产股、供销股、劳资股、后勤股、保卫股等股室。

3. 行政组织

实行场部—区二级管理，下设一区、二区、三区、四区、五区、渔区、直属畜牧队。

第三节　杨村华侨柑桔场、潼湖华侨农场的生产经营

华侨农场就其经济属性而言，是全民所有制企业，其生产经营管理具有以下特征："首先实行集体分配生产工作与统一生产方式，生产经营纳入国家计划经济体制内，并实行社会主义按劳分配制度；其次生产资料统一配制、分配使用、统一管理；再次生产与种植种类实行计划、统一的安排。"[①] 大体而言，华侨农场的生产经营随着国家政治、经济政策不断地进行调整。

[①] 董中原主编：《中国华侨史》（1），中国社会科学出版社2017年版，第42页。

一 早期杨村华侨柑桔场的生产经营

早期华侨农场的经营管理在1956年以前分集体农庄式、国营式管理模式；1956年至1957年，作为国营农场进行生产经营管理；1958年至1959年，是人民公社化管理模式。

（一）农业生产

华侨农场根据各自的土壤、气候以及归侨具有种植热带、亚热带经济作物的技术这一特点，以种植热带、亚热带经济作物为主。主要作物包括咖啡、剑麻、橡胶等；此外，还种植菠萝、荔枝、香蕉、芒果等热带、亚热带水果。华侨农场的生产管理实行集体生产、平均分配。华侨农场资金主要靠财政拨款，中央、省（区）对农场拨付大量基建资金，调拨农药、化肥、汽车等生产资料，并派遣干部和技术人员，对农场职工在生活补贴、物资供应等方面给予照顾。

杨村柑桔场建场初期，人员少，土地少，农业收入低。1952年，仅种植水稻204亩，花生109亩。当年收稻谷20.45吨，花生1.1吨，农业收入0.56万元。1952年冬，试种柑桔成功。到1954年，发展到83亩。1953年，开始种植甘蔗155亩，总产量43.45吨。从1956年起，根据生产发展的需要，农场逐步吸收当地农民入场，生产规模不断扩大。1957年，柑桔种植面积573亩，总产量23吨；水稻种植面积2146亩，总产量279.6吨；花生种植面积200亩，总产量10.55吨，农业产值6万元。1959年，柑桔种植面积扩展到1234亩，总产量59.75吨；水稻种植面积1668亩，总产量300.9吨；花生种植面积203亩，总产量6.4吨。由于甘蔗购销价格低，农场及时调整农业布局，1956年至1958年连续3年没有种植甘蔗，直到1959年，才恢复种植。在50年代，水稻是农场经济的主要支柱。1959年，水稻种植面积占农场农业种植面积的53.7%。柑桔生产虽直线上升，但在农场经济中不占主体地位。1959年，种植面积占农场农业种植面积的39.7%。

（二）工业生产

1952年8月，杨村柑桔场破土动工兴建日榨甘蔗60吨的小型糖厂。1953年3月，糖厂建成投产，这是农场最早的工业企业。厂房面积不足300平方米，仓库面积约200平方米。设备简陋，仅有一台60匹马力的压榨机组、12个煮糖锅，固定资产总值不足5万元。居住、办公条件简陋，干部、工人的住房及办公室均是茅草房，工人50人，技术力量薄弱，仅有1名技术人员。当年实现工业产值13万元。1955年，在糖厂旁投资兴建一个日加工能力100担稻谷的碾米厂，糖厂改名为加工厂。1956年，因甘蔗种植面积大幅减少，糖厂规模从日榨60吨缩减到15吨。为此，糖厂改为木薯淀粉加工，日加工木薯140担。为提高木薯利用率，1957年，扩建1个制酒车间，利用木薯渣发酵制酒。至此，工人发展到近200人。先后选派生产骨干60人外出学习，工人素质得到逐步提高。1959年，工业产值24万元，占全场总产值的47%。

（三）工农业产值与利润

1952年，杨村华侨柑桔场只种水稻、花生，主要靠农业收入，工农业总产值0.96万元。1953年，工农业产值18.6万元，其中农业产值5.09万元，工业产值13.51万元。由于农场为初建，基础差，技术力量薄弱，资金主要靠国家投资，因而生产发展缓慢，经济效益不好。1952年至1959年，农场出现连年亏损。

（四）牧副业发展

从1952年起，杨村华侨农场办畜牧队，主要饲养耕牛、生猪。到1952年年底，饲养耕牛138头，生猪194头。到1959年，全场饲养耕牛272头，生猪1438头。建场之初，没有养鱼业。后来，杨华侨农场筑起陂头、山塘、水库，将部分低洼地改为鱼塘，养鱼业逐步得到发展。这一时期，养鱼主要是为了改善职工生活。

（五）商贸业发展

杨村华侨柑桔场商业创办于1952年6月，称为"农场供应社"，后改为农场供销社。有服务人员3人，主要经营小百货、副食品等日用品，经营资金不足4000元。1959年，博罗县供销总社派人管理农场供销社，业务有较大发展。经营场所由40平方米扩展至200多平方米；服务人员增至 7 人；年营业额为 8 万元。

（六）生产经营管理

杨村华侨农场生产经营管理大致可以分为两个阶段。第一阶段，1951 年至 1957 年 2 月，农场实行总场—作业区二级管理。这一阶段，不存在经济核算，不负盈亏。农场职工以班为单位集体劳动，每天工作 9 小时，无定额，按劳动力强弱定等级工分，发放固定工资：85 分，每月 25 元；70 分，每月 22 元；65 分，每月 18 元；60 分，每月 16 元；55 分，每月 15 元；40 分，每月 13.50 元。病事假，工资照发。第二阶段，从 1957 年 3 月至 1961 年年底，继续实行总场—作业区二级管理。这一阶段，实行按劳动日计酬的分配制度。生产人员按规定质量每完成一个定额，记工分 10 分，为一个劳动日，计发 0.60 元，多劳多得。

二　20 世纪 60 年代杨村华侨柑桔场、潼湖华侨农场的生产经营

1960 年 1 月，在安置归侨工作会议上，中央确定华侨农场的生产经营方针：国营华侨农场应作企业经营，但与事业管理相结合，今后的生产发展前途，应以企业为主；贯彻边开荒、边生产、边安置、边建设、边积累、边扩大的建场原则，各个华侨农场应积极创造条件，争取高速度地发展生产，力争四年内达到全部自给，力争五六年以后上缴利润，如继续安置归侨，则根据安置所需费用从上缴利润中扣除。根据勤俭办一切事业的精神，农场的机械化应是逐步的。在办厂初期，应以土法为主，土洋结合，根据可能和必需，配以适量的机械设备，即主要依靠人力，加上畜力和一定的机械装备，而不是一开始就全盘机械化。[①] 1965 年以后，大部分华侨农场实行一业为主、多种经营的方针，在狠抓粮食生产的同时，积极发展多种经济作物，同时发展农副产品加工业。

（一）杨村华侨农场 60 年代生产经营情况

1. 农业生产

1960 年 7 月上旬至 8 月 10 日，中共中央北戴河工作会议通过

---

① 董中原主编：《中国华侨史》（1），中国社会科学出版社 2017 年版，第 82—83 页。

《中共中央关于全党动手，大办农业，大办粮食的指示》，强调"农业是国民经济的基础，粮食的基础。粮食生产是比工业生产还要费力的事情，粮食问题的解决，不仅直接关系到人民的生活，而且直接影响到工业的发展。因此，加强农业战线是全党的长期的首要任务"①。1963年，中央侨委向中央建议，"今后国营华侨农场的生产方针，一般要求是：以粮为纲，多种经营，因地制宜长短结合地发展经济作物。各场应根据这一要求，结合本场具体情况因地制宜地制定本场的生产方针。"②

关于经济作物生产，是华侨农场生产的又一重要任务。经过几年的努力，华侨农场经济农作物产量有所提高，但因为生产和经营管理上的一些问题，导致耕作栽培水平低、产量不高、经济作物质量较差等不良后果。因此，1965年至1970年，中侨委对国营华侨农场进行总体规划，其中一项任务是：五年内实现粮食、油料、肉类等自给有余，并为国家提供较大量的经济作物产品。③

20世纪60年代，杨村柑桔场遵照上级领导关于发展万亩果园的指示精神，继续吸收当地农民入场；同时垦荒种植柑桔，开创"不与水稻争土地，柑桔上山"的先例，农业生产得到进一步发展。1964年，柑桔种植面积发展到10038亩，总产量512.8吨，实现发展万亩果园的目标；水稻种植面积1221亩，总产量205吨；花生种植面积201亩，总产量21.6吨；甘蔗种植面积91亩，总产量103.4吨。农业总产值51.12万元。1969年，柑桔种植面积扩展到19326亩，总产量3760吨；水稻种植面积11468亩，总产量3238吨；花生种植面积7065亩，总产量535.4吨；甘蔗种植面积2485亩，总产量4238.9吨。农业总产值189.91万元。这一时期，柑桔生产比重大幅度上升，

---

① 中共中央文献研究室编：《建国以来重要文献选编》（第十三册），中央文献出版社1996年版，第516页。
② 《中共中央、国务院批转中侨委关于国营华侨农场问题的报告》（中发〔63〕217号文），1963年3月27日，国侨办档案室藏。
③ 中央人民政府华侨事务委员会：《上报国营华侨农场"三五"规划（草案）》，1965年6月18日，国侨办档案室藏。

稳居主体地位，水稻则下降为次重地位，花生、甘蔗得到稳步发展，初步形成了以柑桔为主，多种作物全面发展的农业生产布局，同时，机械化程度有较大提高。

2. 工副业生产

60年代初，国民经济遭遇严重困难，工业化建设出现严重问题。在国家工业整体调整、复苏的大背景下，华侨农场的工业生产开始逐步发展。华侨农场工副业发展虽然缓慢，规模不大，但种类繁多，涵盖农副产品加工、汽车修理、机械配件加工、磨面碾米、木材加工、畜禽养殖、建材建筑、石料加工、造纸印刷、交通运输、农具修配、榨糖榨油等数十种行业。农副产品加工业是农场最主要的产业形式，很多农场的场办企业主要是粮食加工厂、榨糖厂、淀粉厂、碾米厂等。[①]

1964年起，杨村华侨柑桔场加工厂开始转产加工柑桔果品，生产柑油、果脯和柑饼。此后，品种、产量、产值逐年增加。1963年，工业产值为15.4万元。1964年，工业产值达到33万元。

关于工农业产值和利润，1963年，由于加强管理，生产得到较大发展，实现工农业总产值36.11万元，首次实现盈利5.37万元。1963年至1967年，工农业连续5年盈利，共实现盈利26.27万元。1968年至1969年，由于"文化大革命"期间正常的生产秩序受到冲击，连续两年亏损，累计亏损142.56万元。

关于牧、渔业的发展，60年代，杨村华侨柑桔场各分场、生产队办起养猪场，总场相应成立畜牧站，有利于耕牛、生猪的饲养管理，促进牧业的发展。

3. 商贸业发展

1969年，杨村华侨农场供销社由惠阳地区商业局接管，更名为"惠阳地区供销社杨村柑桔场综合公司"。移交时，供销社资金1万元，服务人员5人。

[①] 董中原主编：《中国华侨史》（1），中国社会科学出版社2017年版，第89—90页。

4. 生产经营管理

1962年至1966年5月，农场实行总场—分场—生产队三级管理、三级核算。根据生产人员的劳动强弱和种柑技术水平的高低划分为5个等级，按级定柑桔树位到人：一级工管理10亩500株，月工资25元；二级工管理9亩450株，月工资22.50元；三级工管理8亩400株，月工资20元；四级工管理7.2亩360株，月工资18元；五级工管理6.4亩320株。老、幼、体弱病残人员不定树位，作为照顾工，月工资14元。

（二）潼湖华侨农场60年代生产经营情况

1959年至1966年，潼湖华侨农场的前身是惠阳县国营潼湖畜牧场。潼湖畜牧场在工业、农业、商业等方面取得一定发展，为潼湖华侨农场的发展奠定了基础。

1. 工业发展

潼湖畜牧场仅金星、光明两个大队有土糖榨、土油榨的小作坊。每个榨坊日产花生油60—72公斤，每年生产期3—4个月，产花生油6—7吨。建场后，相继建起锯木厂、砖厂、粮食加工厂等，还建起1家有一定规模的农机修配厂，有较为先进的机械设备。1960年至1966年，潼湖畜牧场建有酒厂2家，厂房面积105平方米，平均每天产米酒67斤；农具厂1家，厂房面积86平方米；粮食加工厂1家，面积105平方米，年加工稻谷3万担；砖瓦窑2座；成衣厂1家；糖厂2家；油坊1家。年平均总产值8.48万元，工人84人。

2. 农业发展

潼湖畜牧场粮食作物以水稻为主，其次为番薯、小麦、玉米、粟米等。水稻有珍珠矮，属早稻中的中迟熟品种。番薯是仅次于水稻的粮食作物，多种在寮地、旱地、五边地。还有水田的水旱轮作制。种植面积不大，产量低，平均亩产不到100公斤。60年代初，受三年自然灾害影响，粮食供给困难，大量种植番薯。1963年，番薯种植面积达到60年代的最高峰，为1300.6亩，总产量49.9吨。花生是重要的油料作物，集体、家庭都有种植。花生大部分种在旱寮地，也有安排在水田种植，实行水旱轮作，60 年代，每年种植面积不大，在 300—400 亩之间。糖料作物以甘蔗种植为主。1961 年至 1966 年，种植面积总体上呈逐年增加的趋势。1961 年，种植面积 26 亩。1964 年，种植面积 236 亩。1966 年，种植面积 450 亩。油料作物主要有花生、油菜等，经济作物主要有甘蔗、胡椒、黄红麻、薏米、蓖麻等。

表 2-1　　1961 年至 1966 年惠阳县畜牧场番薯生产情况表

年份	面积（亩）	亩产（公斤）	总产（吨）
1961	966.6	75.1	72.6
1962	1227.5	30	63.8
1963	1300.6	38.4	49.9
1964	1217.1	30.6	37.2
1965	955	37	35.3
1966	604	61.7	37.3

表 2-2　　1961 年至 1966 年惠阳县畜牧场甘蔗生产情况表

年份	种植面积（亩）	亩产（公斤）	总产（吨）
1961	26	152	3.2
1962	78	295	11.5
1963	46	1158	51
1964	236	856	134.4
1965	392	1480	555
1966	450	501	149.8

农业生产机械化也取得了一定进展，打谷桶换成脚踏打禾机，犁、耙换成手扶拖拉机。1961 年，潼湖畜牧场购进 2 台大型链轨拖拉机（54 型）进行犁、耙田，但因道路建设不完善，只用于部分稻田。

3. 畜牧水产

潼湖畜牧场发展畜牧业生产，大量养殖牛、猪、羊、鸭、鹅、鸡等，培养繁殖优良种畜，并引进荷兰牛、杜洛克猪等种畜，在发展生产的同时为市场提供优良种畜。1964年，农场设立留种改良站。养羊是农场畜牧场养殖发展的主要项目之一，主要品种是山羊。在梳子岭下建有羊场，从1961年开始养羊。到1965年，饲养量最高达376只。养猪是潼湖畜牧场的主业之一，建有邓白养猪场。华侨农场成立后，为改善职工生活，解决吃肉问题，成立1个猪牧队。此外，各生产队建有小养猪场，设立1个饲养班负责饲养。1961年至1963年，年饲养量分别为1037头、1405头、1800头。截至1966年，有耕牛779头（其中水牛448头，黄牛331头），猪425头，羊254头，鸡6522只，鹅11293只，鸭592只。就水产养殖而言，主要从事淡水养殖。养殖的鱼类有上百种，除"四大家鱼"（青鱼、草鱼、鲢鱼、鳙鱼）外，塘虱鱼最为常见。

表2-3　　　　1961年至1966年潼湖畜牧场生猪饲养情况表

年份	年饲养量（头）	年底存栏量（头）
1961	1037	507
1962	1405	593
1963	1800	769
1964	—	1032
1965	—	1109
1966	1570	1205

4. 商业发展

60年代是潼湖华侨农场商业起步阶段。1960年，潼湖畜牧场相继开设集体所有制的油坊、酒厂、副食厂、商业百货、生产资料门市部。为了广开财源，1962年，侨场在陈江开设副食门市部。此外，潼湖畜牧场发展供销商业。1960年，设立1家供销社。

表 2-4　　　　　　　　1962 年侨场收入情况表　　　　　单位：元

部门	收入	盈亏
油坊	2540.89	+31.16
酒厂	7621.63	+602.12
陈江副食	17721.94	+2329.09
菠萝山副食	19.088.47	+2113.35
百货商店	38460.95	+1643.27
缝衣厂	2480.30	+18.25

三 "文化大革命"期间杨村华侨柑桔场、潼湖华侨农场的生产经营

"文化大革命"时期，华侨农场实行计划经济管理体制，按计划生产，按计划分配，按计划供应物品。具体而言，在生产方面，"每年年末由农场汇报当年完成的生产任务，上报来年的生产经费及所需物资计划，并制定来年生产任务指标，上报上级管理部门。再由上级部门统筹安排，将修订好的任务下发给农场。"① 在分配方面，"贯彻社会主义'各尽所能，按劳分配'原则，在集体所有制生产队采取出勤记工分，或定额计工的形式作为分配的依据，在全民所有制生产队则基本上采取工资的形式来进行分配。起初是无差别工资制，后来改为级别工资制，这样不同级别的职工的工资就存在着一定的差别。"② 实际上，各农场在执行过程中有所差别。

在基本建设方面，在国家各项事业遭到巨大冲击的情况下，华侨农场农田水利基本建设仍然取得很大成绩。1977 年与 1965 年相比，全国农田灌溉面积增长 41%，全国几点排灌面积和水电站机电总装机容量分别增长 355.58% 和 643%；1975 年全国机井数比 1965 年增

---

① 参见董中原主编《中国华侨史》(1)，中国社会科学出版社 2017 年版，第 126 页。
② 参见董中原主编《中国华侨史》(1)，中国社会科学出版社 2017 年版，第 126 页。

长935.89%。抵御自然灾害能力有了较大提高,以全国受灾面积基本相同的1976年与1965年相比,成灾面积由53.9%下降到26.9%。①

就经营状况而言,华侨农场贯彻"以粮为纲,全面发展"的方针。有的农场片面强调"以粮为纲",结果导致"其他砍光";有的在强调"以粮为纲"的同时,兼顾"全面发展";有的在重点种植粮食作物的同时,也适当种植经济作物。此外,华侨农场还不同程度地发展工副业。总体而言,华侨农场在"文化大革命"期间取得一定的成绩。

(一)"文化大革命"期间杨村华侨柑桔场的生产经营

1. 工业生产

"文化大革命"期间,杨村华侨柑桔场在发展食品加工工业的同时,先后办起机修厂、红砖厂、石灰厂、副食厂、竹木厂,并组建建筑工程队。1974年,全场工业总产值为185万元。

2. 农业生产

在农业方面,杨村华侨柑桔场确定把农场发展为3万亩柑园的宏伟目标。为此,进行农业布局调整。1976年,柑桔种植面积发展至28013亩,占农业耕地的58.3%,总产12009吨;水稻种植面积10907亩,占农用地的22.6%,总产3266.3吨;花生种植面积7403亩,占农用地的15.4%,总产372.65吨;甘蔗种植面积1729亩,占农用地的3.6%。农业总产值达到632.49万元。

3. 工农业产值和利润

1968年至1969年,由于"文化大革命"的冲击,杨村华侨柑桔场生产管理松懈,农业收成不好,致使连续两年亏损142.56万元。

4. 牧渔业发展

1970年年底,杨村华侨柑桔场耕牛存栏量为2318头,其中水牛886

---

① 李茂生:《中国共产党九十年的经济工作成就(下)——纪念中国共产党成立九十周年》,《中国城市经济》2011年第9期。

头,黄牛 1432 头;生猪 8149 头,其中集体饲养 5973 头,私人饲养 2176 头。养鱼放养面积 420 亩,年产鲜鱼 6.4 吨。1975 年,耕牛存栏量 2796 头,其中水牛 1207 头,黄牛 1589 头;生猪 11970 头,其中集体饲养 9309 头,私人饲养 2661 头。养鱼放养面积 403 亩,总产 14.2 吨。

5. 商业发展

1969 年,农场供销社由惠阳地区接管,更名为"惠阳地区供销社杨村柑桔场综合公司"。移交时,供销社经营资金只有 1 万元,服务人员 5 人。1970 年,更名为"杨村柑桔场供销社"。惠阳地区商业局投入流动资金 3 万元,固定资产 5 万元,经营范围扩展到糖、烟、酒、副食品、日用百货等;服务人员增至 22 人;年营业额 25 万元,利润 7800 元,上缴税金 7600 元,年终库存商品 11.55 万元。1973 年,在坪塘、榄岭、十二岭、塔下等十个分场分别设"小卖部",经营范围逐步扩大。

在生产经营管理方面,树位到人体制基本解体,农场恢复按班集体劳动,实施定额管理等级工资制,即每人每月完成 25.5 个劳动日定额后,则各自领回本人等级工资。

(二)"文化大革命"期间潼湖华侨农场的生产经营

1. 工业发展

"文化大革命"期间,潼湖华侨农场在广东省华侨农场管理局的支持下,开办 1 家设备比较先进、配套比较完备的农机修配厂。至"文化大革命"结束,有酒厂、锯木厂、茶厂、砖瓦厂、碾米厂、简易农机修配厂、榨油作坊、榨糖作坊等 13 家企业,工业总产值年均 24.3 万元,占工农业总产值的 6.1%。

2. 农业发展

潼湖华侨农场继续推进农业生产机械化,开展农田道路建设。20 世纪 70 年代初,开始有大型胶轮式拖拉机(中拖),有上海丰收牌、珠江牌胶轮式拖拉机和手扶拖拉机。1971 年,购置联合收割机 2 台。这一时期,主要水稻品种有抱朝、窄叶青、包胎、广二造二、寒露旱等。"文化大革命"初期,番薯种植面积一度减少。20 世纪 70 年代初,中共中央提出"以粮为纲"的方针。为"备战备荒",农场番薯种植面积大幅增加。1972年,种植面积达到1658亩。20世纪70年代,为解决食用油短缺问题,花生种植面积有所增加。1976年,种植面积1837亩,收获面积1776亩,亩产42公斤,总产1504担。1975年,试种油菜籽354亩,亩产12.5公斤,总产80担。由于收获季节适逢阴雨天气,油菜籽丰产不丰收,农场此后不再种植。"文化大革命"期间,甘蔗种植面积、产量均不稳定。1968年,种植面积仅为232亩。1976年,种植面积达到历史最高,为666亩。1967年,开始种植胡椒。1973年,开始结果。1975年,种植120亩。由于亚热带霜冻天气不宜种植胡椒,此后不再种植。茶叶是农场农业生产四大项之一。1968年,开始种植。茶叶生产以队为单位实行集体管理,采取人工劳动或临时定额按月或按时计工。由人工加工,用茶青烧开,或由小型揉稔机操稔。1971年,开始在水田大面积种植香蕉。面积达460亩。由于土壤浅,地下水位高,肥料来源少,产量低,经济收入不理想。沙梨最早种于1968年,有五六十棵。1972年,种有100多棵。因管理不善,收成不好,于是放弃管理,任其自生自灭。

表2-5　　1967年至1975年潼湖华侨农场番薯种植情况表

年份	面积(亩)	单产(公斤/亩)	总产(吨)
1967	557	52.2	29.1
1968	625	45	28.1
1969	992.7	35.3	32.6
1970	1442	50	72.1
1971	1604	58.5	93.8
1972	1658	60.6	100.5
1973	1203	54.3	65.3
1974	1218	65	79.2
1975	1019	50	51

表2-6　　1967年至1976年潼湖华侨农场甘蔗种植情况表

年份	种植面积（亩）	亩产（公斤）	总产（吨）
1967	286	1540	365
1968	232	938	183.8
1969	394	1225	450.8
1970	513	1384	579.9
1971	531	1196	615.9
1972	471	1345	625.4
1973	500	1030	493.4
1974	384	1251	429.1
1975	365	1180	387
1976	666	970	633.4

3. 畜牧业发展

潼湖华侨农场坚持以粮食生产为主，开垦耕地，耕牛由各生产队、牛场订办。奶牛因草原面积缩小，饲养量逐年减少，最多时为24头，到1976年终止饲养。山羊由于开垦耕地，牧地减少，饲养量逐年减少。到1972年年底，全部处理完毕。20世纪70年代，农场响应政府养猪号召，场部设立畜牧公司，负责管理各管理区的猪场。畜牧公司与惠阳食品进出口公司订立合同，饲养生猪出口香港。不久，因人畜争粮，饲料不足，合同终止。除集体养殖外，农场家家户户也饲养，作为家庭副业收入。三鸟（鸡、鸭、鹅）饲养包括家庭饲养和集体饲养。"文化大革命"期间，"割资本主义尾巴"，五口之家限养鸭4只，鹅2只；六口以上家庭限养鸭10只，鹅4只，母鸡数只。集体饲养有两种形式：畜牧队养殖鸭群和鹅群，主要繁殖种苗，作为集体经济收入；各生产队集体饲养，用于生产队办公共食堂改善职工生活。

表2-7　　　　1966—1976年潼湖华侨农场牛存栏量

年份	年终存栏量（头）	劳役牛（头）	奶牛（头）
1966	716	243	—
1968	464	335	12
1969	500	314	14
1970	530	328	14
1971	534	360	17
1972	570	345	17
1973	628	373	24
1974	608	354	18
1975	622	330	22
1976	631	329	4

表2-8　　　　1966—1972年潼湖华侨农场山羊存栏量　　　　单位：只

年份	1966	1967	1970	1971	1972
数量	154	136	113	116	74

表2-9　　　　1967—1976年潼湖华侨农场生猪饲养量

年份	饲养量（头）	年底存栏量（头）	出栏（头）
1967	2499	1418	481
1968	2489	1342	1347
1969	3711	2506	1205
1970	4261	2939	1322
1971	4511	3040	1471
1972	5598	3442	2156
1973	6535	3846	2178
1974	4783	3672	1111
1975	4513	3220	1293
1976	5005	3723	1272

4. 商业发展

1966年,潼湖华侨农场建副食加工厂1家,面积176平方米;建供销社1家,面积49平方米;建粮食加工厂1家,面积187平方米;菠萝山开设全民所有制粮食供应站和食品站,按肉票和生猪上调留成部分供应;开设集体所有制供销社,内设副食品、日杂、肥料、百货、五金交电、生产资料、饮食服务和土产收购等门市部,在边远村庄还设有分销点。1970年后,供销社不仅经营食糖、盐、烟、酒、布匹、百货、日用品、农具、化肥、农药等商品外,还销售家用电器,收购各种土产品,这是潼湖华侨农场历史上最早的固定商业网点。当时职工购买力有限,货物品种匮乏,商业公司一统天下,缺乏竞争机制,商贸发展缓慢。

表2-10　　　　1962年潼湖华侨农场商业收入情况表　　　　单位:元

部门	收入	盈(+)亏(-)
油坊	2540.89	+31.16
酒厂	7621.63	+602.12
陈江副食	17721.94	+2329.09
菠萝山副食	19088.47	+2113.35
百货商店	38460.95	+1643.27
缝衣厂	2480.30	+18.25

表2-11　　　　1972年潼湖华侨农场商业情况表　　　　单位:元

部门	收入	盈(+)亏(-)
商业站		+6559.85
粮油站		+21.46
综合厂		+65177.16
木器家私	10586.88	-1495.24

续表

部门	收入	盈（+）亏（-）
搬运	4558.92	+102.56
修理	25266.31	-577.43
理发	876.39	-16.53
成衣	1695.75	-650.25

四 70年代末至80年代中期杨村华侨柑桔场、潼湖华侨农场的生产经营

经历"文化大革命"的冲击以及"文化大革命"后管理体制的摇摆，华侨农场出现一些弊端：一是政企职责不分，集中过多，农场缺乏应有的经营管理自主权。二是华侨农场经济结构和产业结构单一，劳动力大量过剩，经济没有搞活。经济结构长期受"一大二公"的思想影响，只允许全民所有制经济独家经营，把职工捆绑在土地上，劳动生产率低，经济效益不高。三是分配制度上的平均主义，农场吃国家的大锅饭，职工吃农场的大锅饭，多年来走的是一条"国家包农场，农场包工人，国家出钱，工人种田"的老路子。①

党的十一届三中全会以后，华侨农场工作重点转移到生产建设上来，普遍建立各种形式的生产责任制，改善管理，提高农场的经济效益。首先，调整和充实部分华侨农场的领导班子，抓生产抓管理，在实践中不断提高干部的管理水平。其次，普遍实行财务包干、结余留用，超支不补的制度和抓以包、定、奖为中心的生产责任，改进劳动计酬形式，改变过去那种干多干少一个样、干好干坏一个样，捧着"铁饭碗，吃大锅饭"的现象，调动农场职工的生产积极性。最后，实行联产承包责任制，兴办职工家庭农场，形成全民、集体、个体经

---

① 参见董中原主编《中国华侨史》（1），中国社会科学出版社2017年版，第174页。

济并存,农工商一起上的经济格局。①

华侨农场开始推行各种形式的生产责任制,经济效益有所提高,扭亏增盈取得一定成效。1985年,中共中央、国务院出台《中共中央、国务院关于国营华侨农场经济体制改革的决定》,明确提出华侨农场经济体制改革走农村改革道路的指导思想,要求各地华侨农场认真实行和努力完善联产承包责任制,积极发展家庭农场和各行各业的承包户、专业户以及多种形式的经济组织,以改革促进农场经济的发展。

(一) 70年代末至80年代中期杨村柑桔场的生产经营

1. 工业生产

党的十一届三中全会为杨村柑桔场工业的发展注入巨大的活力。杨村柑桔场先后投资兴建塑料制品厂、烟花厂、纸箱厂、印刷厂、农药厂、塑料编织袋厂、矿泉水厂等一批中小型工业企业。1979年,侨场工业总产值达到210万元。

2. 农业生产

1977年,由于黄龙病暴发,柑桔被大面积砍掉,种植面积减少至25260亩;1978年,减少至23265亩;1979年,减少至18963亩。产量、产值急剧下降。1977年,柑桔产量为21645吨;1978年,产量下降至10961吨;1979年,产量下降至7286吨;产值从1977年的1181.44万元,下降到1979年的624.34万元,下降幅度为52.8%。

3. 工农业产值

1977年是建场以来盈利最多的一年,盈利448.43万元。1979年,农业产值下降至557.1万元,农场由盈利转为亏损。1979年至1983年,连续5年共亏损890.7万元,农场处于经济困难时期。1984年以后,农场进一步贯彻改革、开放、搞活的方针,加强企业管理,挖掘企业潜力,积极稳妥地推行经济体制改革,实行柑桔、大

---

① 参见董中原主编《中国华侨史》(1),中国社会科学出版社2017年版,第174—175页。

田、树位、田位到户到人和经济责任到分场、公司、工厂、车间、门市部、班组、个人的经济责任制、岗位责任制，调动广大干部、职工的积极性、主动性、创造性，经济稳步发展。1984年，实现工农业总产值1504万元，其中农业产值占81%，净亏损13.8万元，比1983年增长279万元，亏损减少近40万元。1985年，实现工农业产值1648万元，其中农业产值占74%，盈利51.6万元。

4. 牧、渔业生产

1980年，耕牛存栏3186头，其中水牛1707头，黄牛1479头；生猪13167头，其中集体饲养9982头，家庭饲养3185头；养鱼放养面积926亩，总产48.3吨。1983年，由于生猪政策变动，取消生猪派购，加之饲料缺乏，经济效益不理想，生猪由集体饲养与家庭饲养两条腿走路转变为家庭饲养。1984年，实行经营承包责任制，农场把耕牛全部拍价卖给职工个人，鱼塘也全部由职工承包经营。

5. 商贸业经营

1978年，供销社转为场办商业，定名为"杨村华侨柑桔场供销社"。1980年，供销社根据农场生产和职工生活需要，经营范围扩展到土产收购、家用电器、五金、针棉，服务人员增至92人，流动资金增至16.75万元，固定资产15万元，年营业额为319.69万元，利润0.6万元，上缴税金9万元，年终商品库存13万元。党的十一届三中全会后，随着经济体制改革的深化，商业得到进一步发展。1985年，扩建商场1200平方米，经营范围扩展到化工、生产资料、饮食、旅业、柑桔销售等。经营方式更加灵活，批零兼营。80年代，为了搞活经济，农场把部分科室改为贸易性公司，进一步加强贸易机构和人员队伍建设。1983年，总场成立实业公司，负责全场贸易工作。

6. 经营管理

1978年至1983年，农场经营管理实行分场对总场、生产队对分场的三级财务包干。（1）1978年至1981年，分三条线联系产量的利润或减亏提成奖。单位年劳平创造利润 300 元以下的,按总场 50%、分场 10%、生产队 10%、个人 30% 的比例提成奖励;单位年劳平创造利润 301 元至 800 元的,按照总场 60%、分场 10%、生产队 10%、个人 20% 的比例提成奖励;单位年劳平创造利润 800 元以上的,按照总场 60%、分场 10%、生产队 15%、个人 15% 的比例提成奖励。单位年平均减亏 300 元以下的,按减亏部分的 15% 提成奖励给个人;单位年平均减亏 301 元至 800 元的,按 10% 提成奖励给个人;单位年平均减亏 800 元以上的,按 7.5% 提成奖励给个人。队个人部分提成奖金,不得超过全队 3 个月的工资总额,按不超过 20% 的差额分三等发放到人。队干部的奖金按队前 10 名职工奖金平均数增 8%—12%,受罚则增加 5%;总场、分场工作人员的奖罚,按照全场或所属分场各队的平均数执行。1981 年规定,单位年劳平创造利润三条线分别调整为总场 40%、分场 20%、生产队 10%、个人 30%;总场 50%、分场 20%、生产队 10%、个人 20%;总场 60%、分场 10%、生产队 10%、个人 20%。(2)实行一、四、五的工资分配形式。即个人的等级工资中 10% 为责任工资(留总场,1982 年起,固定为年 40 元),40% 为出勤工资,50% 为定额工资。

1982 年至 1983 年,实行包树位到人,建立四定(定树位株数面积、定产量产值、定成本、定盈亏)、一奖罚(超产奖和超利润分成,欠产赔罚)、财务包干和专业承包、联产计酬相结合的经济责任制。(1)奖励:每超产一担水果,奖励 10 元给承包者(应扣除成本),2 元给队奖励后勤人员和管理抚育柑人员。超利润部分,按总场 35%、分场 30%、队 15%、个人 20% 的比例分成。减亏部分,按照总场 40%、分场 10%、队 10%、个人 40% 的比例分成。队、分场和总场工作人员在完成单位的产量、产值、利润或限亏指标后,单位大多数职工受奖,才能提取奖励。(2)扣罚:每欠产一担柑扣罚 5 元,欠产值按每担 30 元计,40 元责任工资不足扣罚的,余额挂账到下年还清。

1984 年以后,杨村柑桔场根据农业生产分散、多变、风险大的特点，依据所有权与经营权适当分离，责、权、利密切结合，国家、企业、个人三者利益合理兼顾，劳动者个人的经济收入必须同最终产品直接挂钩等原则，全面实施和完善以分为主、统分结合的双层经营体制。

（1）总场对上一级（省华侨局、惠州市农委）承包，实行场长任期目标责任制。

（2）分场、工厂和公司按照六个坚持和自负盈亏的原则对总场承包。六个坚持是指：坚持多种形式的承包经营责任制；坚持指令性生产技术措施；坚持主要生产资料统由总场调拨；坚持全场资金统一调配使用；坚持同经济效益直接挂钩的分配制度；坚持农场现行的福利制度。

一是分场实行集体领导分工负责制，工厂、公司实行场长、经理负责制。

二是按总场核定的如下指标承包：产量、产值或销售额（营业额），利润或限亏、上缴税利费和挂账户控制率。

三是总场核定各承包单位企管人员的人数、全年岗位工资总额和行政经费开支限额。

四是各承包单位企管人员个人的经济收入，直接联系总场核定单位的各项承包指标，与单位的经济效益挂钩浮动分配，平时预发80%的岗位工资，年终视单位完成承包指标情况，发回、少发或不发20%留成责任工资；发放、少发或不发效益工资，以兑现奖罚。

（3）职工对分场承包

一是种养工人按"七定"实行"分户包干、产品上交、联产计酬、以丰补歉、欠产赔罚"的以户为核算单位的家庭承包责任制。所谓"七定"：即定生产承包周期：柑桔15年，杂果20年，大田作物10年；定每劳承包面积：柑桔4.5—6亩，杂果10—20亩，大田作物（主要指水稻、甘蔗、花生）8亩；定亩包产指标；定亩成本；定产品产量：柑桔一级果5，二级果3，三级果1，次果1；定产值；定上缴税费。

二是柑桔、杂果承包户的计划成本，由分场贴息垫付，超成本自理。

三是承包户的经济收入直接同承包效果挂钩，实行联产计酬的超产比例分配：按包干产值完成包产任务后，分品种分级别的超产销售收入70%—80%结算，冲减超成本或历年挂账（全部或部分）后，发六留四。留四部分作为树位以丰补歉基金，实行四年一小结和周期总结的制度。承包户欠产，按当年场定结算价计赔。大田作物承包户实行交够自己，全奖全罚。

四是工、贸业工人实行按件（时）计酬或小集体承包计酬。

五是生产队管理人员属分场派出工作人员，就全队承包户的承包效果对分场负经济责任，其平时预发的80%的岗位工资，直接同全队工人完成管理工作的质量、数量和期限挂钩浮动，其年终效益工资和20%留成工资，同全队的果品质量、超产产量及超产户百分比挂钩，浮动分配。

六是家庭农场和东风队实行"自理成本，自主经营，自负盈亏"的15年合同承包，每年按合同规定完成定额上交和缴纳税收后，剩余全部归个人。

七是外出承包和自谋职业人员，每劳年上交各项费用760—900元，计算工龄，享受职工待遇。

（二）70年代末至80年代中期潼湖华侨农场的生产经营

1. 工业生产

在改革开放的形势下，潼湖华侨农场利用优越的地理位置发展"三来一补""三资"企业。从1983年起，办起第一家外资毛织企业后，相继来场办厂的外资企业逐年增加。1984年，引进2家来料加工毛织厂。1985年，又引进1家藤器加工厂。这3家企业解决侨场700多人的工作。侨场的工业以花砖厂为主。1985年，花砖厂提升产品质量，以品种多样、质量过硬、价格合理打开了销路，成为惠阳地区的热门货，产品供不应求。当年产量24万块，产值6万多元。1988年，销量开始滑坡。最后亏损严重，不得不关门倒闭。侨场工业从1987年开始起步。当年工业总产值达262.84万元，外经工业产值144.9万元。1988年，在毛织厂、藤器，等来料加企业的基础上，又新开办电子厂、塑料厂、手袋厂，并通过多种形式集资200多万元，完善第一工业区四幢厂房及附属设施；开辟第二工业区，其中包括2幢厂房和2幢宿舍，面积达5600平方米。外经企业发展到27家，厂房面积达45000平方米。当年实现工业总产值251.54万元，外经工业产值140.79万元。

2. 农业生产

80年代改革开放后，由于农产品进一步丰富以及土地的开垦，潼湖华侨农场番薯种植面积大大减少。到1986年，种植面积仅为587亩。1977年至1979年，小麦曾大面积种植，但产量低，得不偿失。1980年后，农场放弃小麦种植。甘蔗种植面积自改革开放后逐年减少。1978年，种植面积居历史第二高，为636亩。到1981年，仅为25亩。1978年，侨场建立茶叶加工厂，建筑面积3000平方米，实现半机械化加工，用短筒杀青，烧干，机械操稔。到80年代后期，改进工艺，实行机械化生产。其整个生产流程为：从收青长→萎凋揸萎凋→长滚筒杀青机杀青→操稔机操稔→块机群块→烘干机烘干（三轮，机成毛茶）→色机车色灰白→国筛机分选产品等级→成品包装→金库出售。1984年以前，茶叶销售由供销部门经销，由农场定价。1985年，茶叶由茶厂销售，由农场定产值、定上缴利润指标。

关于水果种植，80年代，潼湖华侨农场发展"三高农业"，将水果种植与水稻、淡水养殖、茶叶等作为"四大家业生产"项目，主要生产柑桔、荔枝、龙眼等。1983年起，与华南农学院柑桔黄龙病研究小组合作，引进蕉柑、雪梨、甜橙、荔枝、温州蜜桔、年桔红江橙、十月正年桔等9个品种。先在农一队甲子原水田开始种植，后将二区改为水果种植区，改为种柑。到1986年，种柑1250亩，最高亩产44公斤。龙眼种植始于1985年，引进福建龙眼品种，在五队荒地种植20亩，后扩大种植到200亩。菠萝种植始于1984年，种植面积30亩，一般在初种荔枝园中间种植，后来逐渐减少。

表2-12　70年代末到80年代中期若干年份潼湖华侨农场番薯产量

年份	面积（亩）	单产（公斤）	总产（吨）
1977	784	47.5	37.2
1978	856	56.5	48.4
1979	907	62	56.2
1980	909	59	53.6
1986	587	140	82.2

表2-13　1977—1979年潼湖华侨农场小麦生产情况

年份	种植面积（亩）	收获面积（亩）	亩产（公斤）	总产（吨）
1977	1400	959	33	31.6
1978	1367	1102	46.5	51.2
1979	803	428	41	17.1

表2-14　1977—1981年潼湖华侨农场甘蔗生产情况

年份	种植面积（亩）	收获面积（亩）	亩产（公斤）	总产（吨）
1977	636	476	871	414.6
1978	218	190	1334	253.5
1979	107	76	1921	146
1980	45	45	1689	76
1981	25	25	2440	61

表2-15　1978—1988年潼湖华侨农场茶青生产情况

年份	种植面积（亩）	投产面积（亩）	产量（吨）
1978	665	37	29.35
1979	790	38	24.55

续表

年份	种植面积（亩）	投产面积（亩）	产量（吨）
1980	1007	72	52.8
1981	1242	140	91
1982	—	302	127.5
1983	—	590	130
1984	—	564	178
1985	—	715	279
1986	—	790	245
1987	—	850	338
1988	—	804	412

3. 畜牧水产

改革开放后，全面开放市场，肉食丰裕，潼湖华侨农场养猪和家庭饲养逐渐减少。1979年，生猪饲养量达到历史最高，年饲养量6759头，户平3.97头，人平1.02头。到1981年，年饲养量仅为3386头。为了解决越南归难侨的生产、生活、就业问题，联合国难民署拨款190万美元，援建全国最大、设备最先进的大型现代化养鸡场——绿峰养鸡场。1981年，鸡场建成投产，占地面积105.5万平方米，鸡舍100间（50×90米）共50000平方米，主要机械设备有从澳大利亚引进的巷道式全自动孵化机（场）。有工程技术人员14人，管理人员182人。饲养品种为引进澳大利亚优良种鸡与本地东江三黄鸡杂交。年饲养肉鸡100万只，出栏量80万只，最高达96万只，销往广东、福建、广西、辽宁、香港等地；同时，还为内地提供种蛋、种苗等。此外，1986年以后，绿峰养鸡场还养殖白鸽，出口香港，日出口量最高达2万对；并为国内提供种苗。改革开放后，农场调整农业产业结构，大力发展水产养殖，将地势低、易内涝的低洼地挖建鱼塘。1978年，引进日商株式会社秀港宏利行日本有限公司投资建设鳗鱼养殖场,独资开发养殖鳗鱼,出口日本。曾先行试养15亩,计划发展到600亩。1979年11月,计划试养年产30吨,建成投产后年产鳗鱼1000吨。后由于种种原因,未能发展成功。

表2-16　　　　1977—1981年潼湖华侨农场生猪饲养量

年份	年饲养量(头)	年底存栏量(头)
1977	4773	3470
1978	6067	4348
1979	6759	4566
1980	6295	3632
1981	3386	3203

表2-17　　　　1981—1983年绿峰鸡场生产情况

年份	肉鸡(万只)	鸡苗(万只)	鸡蛋(吨)	产值(万港元)
1981	7.2	50.6	35.45	137.6
1982	20.68	11.37	338.5	609.6
1983	48	9.17	17.78	996.3
合计	75.88	71.14	391.73	1743.5

4. 商贸业发展

80年代初期,商业站、供销社的销售额仍然占有绝对优势,个体经营户虽有所发展,但在计划经济占主导地位的大背景下,只能处于补充地位。80年代中期,由于交通条件的改善,外来人口的增加以及经济的快速发展,计划经济时代凭票供应做法的取消,国家对私营工商业的鼓励与扶植,私营企业、个体工商业蓬勃发展,全民所有制企业、集体企业受到冲击,逐渐转为私人承包。

1980年,潼湖华侨农场商业站销售额691万元,实现利润2.87

万元,占商品销售总额的95.6%。到1982年,潼湖华侨农场商业供销公司营业额开始大幅度下滑,全年利润仅为0.52万元。1980年,潼湖华侨农场供销社开始向各村个体商户批发商品,供销商业逐步转为个体经营。同年,农场粮管所开始经营议价粮、生油和饲料等业务;农场食品站从统销改为批发猪肉给个体户,不久转为个体户自己寻找猪源,承包经营屠宰派购任务的生猪。1986年,停止生猪派购任务后,食品站独家经营猪肉的历史就此结束。这有力冲击了当时全民所有制、集体所有制一统天下的商业格局。一直到1987年,农场商业仍以全民所有制、集体所有制为主导。农场中心区开设有商业公司的百货、食品、副食、电器、日杂、批发、建材、图书等门市部,保障群众日常生产、生活必需品供应。

80年代初,国家鼓励发展个体私营经济。凡归侨经商,享受三年优惠,所需土地优价供应;资金确有困难的,侨场为其担保向银行贷款。大批侨场职工办起家庭毛衣编织厂、照相馆、美容美发店、小百货、饮食店等。到1987年,个体工商业户发展到75家。

圩市的发展,也是反映农场经济发展的一张晴雨表。1978年,散落在菠萝山顶公路两旁摆卖蔬菜、水果、咸鱼、鸡、鸭、鹅之类的小摊档成了临时市场,既没有集市建筑物,也没有固定点。每天7至10时作为临时集市交易时间,上市人流量在250至300人次左右,日成交额在500元至800元之间。1985年,菠萝山农贸市场建成开放。建筑面积1500平方米,耗用资金500万元。1985年后,每天上市人流2500至3000人次,销售猪肉750公斤至900公斤;重大节日销售1100公斤至1250公斤;年交易额在500万元左右。

第四节 杨村华侨柑桔场、潼湖华侨农场的社会结构与社会事业

华侨农场的社会结构与社会事业,经历了一个由简单到复杂的渐进过程,早期华侨农场的社会结构与社会事业都很简单。随着华侨农

场的发展,一直到20世纪80年代中期,华侨农场成为一个特殊的社会群体,是一个结构齐全的小社会。"在这个小社会中,不仅有自身经济管理机构,如生产、计划、经营、供销、财务、劳资等部门,同时又要有与地方政府职能部门相衔接的行政、司法、武装、计生、公安、环保、城建、医疗卫生、科研、田地、公路交通、电力通讯等。"①

一 早期杨村华侨柑桔场的社会结构与社会事业

20世纪50年代,华侨农场规模不大,人口不多,社会服务机构不多,社会结构与社会事业相对简单。

就社会结构而言,"早期华侨农场的社会结构相对单一,主要是安置回国的难侨、归侨,还有极少数的当地场工。社会职能机构不多,除医务所、医院、小学、初中部外,其他社会机构都还没有建立,鉴于人口不多,由场部、管理区、生产队、生产小队一级级管理。"②

就社会事业而言,早期华侨农场的医疗卫生、教育、文化体育事业是随着农场的创办和初步发展而逐渐从无到有发展起来的。正所谓"其作始也简,其将毕也必钜"。在初创时期,华侨农场社会事业非常简陋,条件非常艰苦。农场尽可能地为职工及其子女在生活、学习、娱乐等方面的需要提供便利。

(一) 杨村柑桔场的社会结构

1951年筹备组联络办事处进驻"安乐园"办公,仅有已倒塌仅存残墙的6间宅基地,另有1口多年无人使用的泥井。建场40周年之际,老员工聂仕荣回忆,"四十年前来到农场场部时,是蹲在地下

---

① 夏国兴:《华侨农场企业政权化的思考——广东部分华侨农场情况调查》,《教学与管理》1994年第4期。

② 参见董中原主编《中国华侨史》(1),中国社会科学出版社2017年版,第51页。

吃饭。"① 建场之初，社会结构较为单一，主要是收容安置改造游民。50年代的场员主要包括孤儿、社会闲散人员、当地农民等。1951年至1955年，农场安置场员的方针是"生产自救，劳动归队"。1956年，农场的方针变为"收容安置，教育改造"，并号召场员"以场为家，以场为荣"。这一时期，社会职能机构主要有幼儿园、托儿所、小学、医务所等，其他机构尚未建立。由于人口不多，农场实行总场—作业区二级管理。

（二）杨村柑桔场的社会事业

1. 教育事业

建场的最初几年，因绝大部分是单身职工，杨村柑桔场没有开办小学。少数并场队的职工子女，均在附近地方学校就读。1958年起，杨村柑桔场在场部和各耕作区（后改为分场）陆续开办幼儿园和托儿所，干部职工的子女可以入园、入托。1959年秋，农场创办第一所小学——"场部小学"。校址在后来杨村华侨柑桔场公安局大楼西北一侧，当时的课室由一间木工房改成。初办时，只有一至三年级，学生50人左右，教师3人，从本场抽调。学生用的桌凳，教师用的教学设备十分简陋。

2. 医疗卫生

1952年，杨村柑桔场在场部安乐园开办医务所。医务所有7间破旧狭小的砖房和1间草房，设有诊所、病房、配药室、办公室各1间，其余为医务人员的宿舍和杂物房。医务所的设备仅有普通、简陋的医疗器械。医务所所长由场办公室主任兼任，医生、护士共5人。1957年，医务所随场部搬迁至后来的石岗岭分场齐子坑。

3. 文化娱乐

为了丰富干部职工的文化娱乐生活，从1952年起，杨村柑桔场把文化素质高、爱好文艺的干部职工组织起来，成立"业余粤剧

---

① 《广东省杨村华侨柑桔场建场四十周年》编写组：《广东省杨村华侨柑桔场建场四十周年（1951—1991）》，1991年版，第33页。

团"。团员白天工作劳动，晚上排练演出文艺节目，每逢节假日，或在总场场部，或下分场，为群众演出文艺节目，以歌舞、戏剧等形式进行表演，宣传党的方针政策，反映时代精神风貌，颂扬农场各条战线取得的成就和好人好事，既丰富了干部职工的文娱生活，又从思想政治上教育了群众。1959年，"业余粤剧团"解散。随着科学技术的进步和农场经济形势的逐渐好转，1957年至1959年，省民政厅荣军学校、佛山市文化局等单位定期或不定期地派电影队、剧团来场放映、演出。1959年起，杨村柑桔场有了自己的电影队，并由1个发展到7个。电影队在总场场部或分场、生产队放映，丰富了群众的文娱生活。

二 20世纪60年代杨村华侨柑桔场、潼湖华侨农场社会事业的发展

就华侨农场的设立而言，"具有安置归难侨、改善其生活的政治属性"[①]。由于国家的重视和逐年投入，华侨农场的工农业生产、文化教育、医疗卫生和文艺体育等设施建设不断完善，社会结构也日渐完善，社会事业有较大进步。

为了解决归侨子女及青年学生的受教育问题，1960年2月，国务院颁布《关于接待安置归国华侨的指示》，要求华侨农林场合理设置小学、初级中等学校。1960年下半年，中侨委拟定《关于建立国营华侨农场中小学的意见（草稿）》，对中小学的办学方针、培养目标、经费来源、师资配备等提出具体要求。为此，各农场贯彻中央指示精神，在极其艰难的情况下，尽一切努力建立中小学。到60年代末，大多数华侨农场都建立规模不等的华侨学校，妥善解决归侨子女入学的问题。

医疗卫生事业是华侨农场的重要组成部分。60年代初，各农场都设有卫生所、卫生室等医疗机构。后来，发展成农村基层医院或农

---

① 黎相宜：《国家需求、治理逻辑与绩效——归难侨安置制度与华侨农场政策研究》，《华人华侨历史研究》2017年第1期。

场医院。这一时期,农场医疗机构设备简陋,医护人员少,药物也缺乏。1962年起,"卫生所的医务人员和医疗设备开始逐年增加和改善,并扩建成卫生院,农村医疗救护水平有了较大提升,同时生产队全部开设卫生所,农场医疗体系得到完善。"①

20世纪60年代,为了丰富职工的精神文化生活,华侨农场举办形式多样的文娱体育活动。文娱活动主要包括放映电影,组织文艺表演队进行文艺表演,归侨、知青业余时间自编自演文艺节目等;此外,为满足职工强身健体、参加体育活动的需要,华侨农场建立篮球、足球、排球等场地,节假日还举办各种体育比赛。

(一)杨村柑桔场的社会事业

1. 教育事业

1962年,场部小学已办成五年制完全小学,校址迁往石岗岭原来的旧牛房,教室和教师办公室都是由旧牛房改建而成。为适应学生人数不断增加的需要,总场决定扩大教育规模,改善教学条件。1964年至1966年,在后来塑料厂所在地新建砖瓦结构的场部小学。60年代初,各分场陆续办起小学,并由最初的低年级发展为五年制完全小学。1962年,创办十二岭小学。1965年,创办坪塘小学、桔子小学。这一时期,学校规模小,设施简陋。坪塘小学创办时,只有1个班,1个教师,20个学生,教室是新屋队文化室的1间旧平房。

2. 医疗卫生

1963年,杨村柑桔场医务所发展为广东省民政厅杨村农场医院,院长1人,医生4人,其他医务人员15人。医院是在旧牛房基础上改建而成,并一直使用到60年代末。医院有20间平房,设有办公室、门诊、配药室、手术、病房(约100张病床),但医护人员缺乏,住院部还未能分专科护理和治疗。建院后,逐年添置小型X光机、显微镜及其它一般常用医疗器械,还建起葡萄糖、普鲁卡因等简陋的制药室。外科建设方面,由于缺乏设备等原因,医院只能做一般简单的小手术。

---

① 参见董中原主编《中国华侨史》(1),中国社会科学出版社2017年版,第97页。

1954年至1962年，总场设立生产技术室，负责引种，试种柑桔、水稻、花生、甘蔗等优良品种，并对各耕作区（后改为分场）进行生产技术指导。其中50年代末至60年代初，柑桔上山种植取得成功，不仅为农场大面积种植柑桔奠定良好基础，而且为我国丘陵地区种植柑桔积累了经验。1963年起，杨村柑桔场成立"柑桔研究所"，所长林越。柑桔研究所的成立，为该场大面积种植柑桔进行技术指导方面发挥重要作用；在柑桔的病虫害防治方面取得突出成效，使农场成为60年代大面积种植柑桔的无黄龙病区。

3. 文化娱乐

60年代初，总场成立文艺宣传队。此后，办起文化室，建篮球场、排球场、乒乓球台（室）；各分场也建起文化体育场所，添置文化娱乐设备，供群众节假日或休息时间学习和娱乐。每逢大型节日，各分场、各单位派出代表去总场比赛或表演。随着文娱设施不断增加，群众文娱生活更加丰富多彩。

（二）潼湖华侨农场的社会事业

1. 教育事业

1960年，潼湖畜牧场将创办于1948年的河背小学（又称田溪小学）作为潼湖畜牧场的总校。总校领导各分校，花岗分校由总校1名教导主任主管。1960年秋，河背小学为完全小学，教师13人，学生349人，共11个班，其中高小3个班，初小8个班。60年代初，潼湖畜牧场有1所幼儿园，4个班共155名儿童。

2. 医疗卫生

1959年，潼湖畜牧场成立卫生站。建站时，只有1名部队复员军人担任卫生员。1960年，卫生站更名卫生所，增加2人，其中医生1人，护士兼接生员1人。

三 "文化大革命"期间杨村华侨柑桔场、潼湖华侨农场社会事业的发展

"文化大革命"严重地冲击着华侨农场的各项社会事业，而首当

其冲的是教育事业。当然,"文化大革命"期间,教育事业还是取得了一定的成绩。"从总体来看,'文化大革命'时期有些华侨农场的教育事业还是有所发展的,这主要表现在中小学数量的增长上,但发展的历程比较曲折,发展得也非常缓慢。"① 此外,这一时期,文体事业也取得一定成绩。华侨农场的归侨主要来自包括印尼、马来西亚在内的东南亚地区,他们爱好体育和文艺。新中国成立后的一段时间,一些体育项目的世界冠军都是印尼、马来西亚归侨。因此,这些归侨对新中国、对华侨农场体育事业的发展,功不可没。

(一)"文化大革命"期间杨村柑桔场社会事业的发展

1. 教育事业

"文化大革命"期间,杨村柑桔场先后建立一批完全小学。1969年,创办小顽小学。1971年,创办石坝小学。1975年,创办塔东小学。1976年,创办石岗岭小学、榄岭小学。

这一时期,杨村柑桔场进一步发展中学教育。1966年,场部小学附设农中班,一定程度上改变了此前干部职工子女都要到博罗县"博罗中学""公庄中学"就读的局面。1969年8月,杨村柑桔场开办第一所中学——杨村五七农场中学。初办时,有3栋平房课室,1栋平房宿舍,1个简易厨房,还有1个饭堂。校舍均为石脚泥砖房。有学生160人左右,其中初一2个班,初二4个班,高一1个班。教职工13人,其中教师10人,教工3人。1971年,杨村柑桔场第一届高中毕业生毕业共19人。为了适应教育事业发展的需要,1968年,杨村柑桔场在大坑小学、十二岭小学、坪塘小学开设初中班;1969年,在桔子小学开设初中班;1974年,在小坑小学、十二岭小学、坪塘小学开设初中班;1976年,在石坝小学开设初中班。

杨村柑桔场在积极发展中小学教育的同时,还通过多种渠道、多种形式、多层次的教育途径,提高干部职工的科学文化素质,积极创造条件,支持鼓励干部职工走自学成才的道路。此外,杨村柑桔场每

---

① 参见董中原主编《中国华侨史》(1),中国社会科学出版社2017年版,第114页。

年组织农业技术人员进行培训，不断提高技术人员的业务水平。

2. 科学技术

杨村柑桔场柑桔种植技术不断取得新成果，尤其是对柑桔两季修剪（夏剪、秋剪）的试验方面，取得较为成功的经验。在其他农作物科学研究方面，也取得巨大进步。1976年，成立杨村柑桔场农业科学研究站。建站之初，有1栋二层楼房和2栋平房，添置一系列常用的研究仪器。有在编人员30人，其中技术员4人，试验工人24人。各分场、生产队还设立农业科研小组。在工业技术的创新、工业新产品的研制方面，设置专门机构。1972年，将机务科改称"工交科"。1975年，更名为"工业办"。此外，杨村柑桔场在农业机械紧缺的情况下，组建机运队、机耕队、开办机修厂。为加快发展柑桔种植，机修厂成功地制造出具有国内同类产品中较高水平的挖穴机，一定程度上改变了人工挖穴的落后状态。此外，挖穴机还受到省内外一些单位的青睐，纷纷派人前来看样订货。

（二）"文化大革命"期间潼湖华侨农场社会事业的发展

1. 教育事业

"文化大革命"期间，潼湖华侨农场先后办起红卫小学（三小）、五七小学（一小）、红岗小学（四小）等农场子弟学校。60年代末，为了发展教育事业，普及初中文化教育，潼湖华侨农场在小学设初中班。1970年，有小学6所，学生980人。70年代初，金星小学、光明小学办起附设初中班。关于小学学制，1968年以前为六年制，其中初小4年，高小2年。1969年，小学改为五年一贯制。这一时期，潼湖华侨农场学校正常教学受到冲击。1966年6月，学校停课闹革命，教师、学生到全国各地进行串连。1967年2月，根据中央通知精神，春节后教师、学生回校复课闹革命，主要学习毛主席语录，进行年末训练，部队派人到学校协助。1968年，小学升初中的升学考试，实行由贫下中农推荐学生升学，贫下中农管理学校。农场的5所全民制小学，由贫苦出身的归难侨代表管理。此外，潼湖华侨农场所有的小学都设有附属农场，作为教学、科研、劳动基地。

潼湖畜牧中学创办于 1966 年。有 2 名专职教师以及临时兼职教师；同时，他们又是畜牧场的畜牧兽医技术干部，为惠阳县西片区几个公社大队培训畜牧人员。潼湖华侨农场成立后，接收潼湖畜牧场。1966 年底，潼湖畜牧中学停办。1968 年 11 月，潼湖华侨中学成立。最初有学生 34 人。1969 年，划入惠阳县管，正式定名为潼湖华侨农场中学。当年秋季招生，学生人数达 339 人，其中初中 207 人，高中 132 人。惠阳县抽调部分骨干教师，并从归侨中选调教师，共有教职员工 21 人。70 年代，撤销高中班，更名为惠阳县华侨农场初级中学。

2. 文化体育

文化站是农场职工、学生的主要文化活动场所。70 年代，各生产队都设有文化室，不仅有小说、杂志、科技作品等书籍，还有《人民日报》《中国青年报》《南方日报》《广东青年报》《广东农民报》《广东科技报》等报刊，图书以科技杂志类为多，还有政治书籍，如《毛泽东选集》等。除各生产队有自己的文化室外，机关各单位、部门、学校也有文化室或宣传栏。

"文化大革命"期间，潼湖华侨农场群众文艺非常活跃。农场成立时，安置一大批有文化的归侨和知识青年。农场成立业余文艺宣传队，节目十分丰富，表演形式极具特色，有较高的表演水平。业余文艺宣传队除节日在农场演出外，还到邻近部队、乡镇演出。这一时期，业余文艺宣传队是惠阳县的一支文艺新秀，深受广大群众喜爱。除业余文艺宣传队外，农场各机关、学校、生产队还经常自编自演节目，节假日期间，在总场进行会演。此外，有的归侨还建立外国舞蹈团，主要表演印尼舞、越南舞、印度舞等，让观众欣赏异国风情。

潼湖华侨农场群众性活动在 70 年代最为活跃，人才济济，为惠阳县文化馆培养了一批优秀演员和创作人才。这一时期，潼湖华侨农场体育活动也非常活跃，篮球、乒乓球、羽毛球盛行。不少体育爱好者，特别是归侨青年经常组织友谊赛。足球和排球也是青年人喜欢的体育项目，并在各级各类比赛中取得好成绩。70 年代，农场还成立业余体校。业余体校设在红卫小学（农场第三小学），有乒乓球、羽毛球两个项目。经过培训后，业余体校组织队员代表惠阳地区参加广东省乒乓球赛，并取得不错的成绩，其中梁国俊、李鹏初参加惠阳地区乒乓球比赛，并获第一名。值得一提的是，农场还向广东省输送了一批体育人才，先后向广东省体工大队输送乒乓球运动员4名，羽毛球运动员1名。

3. 医疗卫生

1967年，华侨农场成立时，将农场卫生所更名为潼湖华侨农场卫生院，医护人员增加至11人。1968年9月，迁至望牛墩。后更名为广东省潼湖华侨农场职工医院，隶属广东省华侨农场管理局。

潼湖华侨农场医疗卫生事业的发展，经历了从无到有，从小到大的过程，一直坚持"自力更生，艰苦奋斗"的精神。"文化大革命"期间，财力、物力困难，技术落后，人才缺乏，缺医少药现象严重。为此，潼湖华侨农场职工医院充分利用自己的医疗技术力量，于1968年举办第一期赤脚医生培训班，学员13人。通过培训赤脚医生，每个管区、大队、生产队都有赤脚医生。1969年下半年，潼湖华侨农场办起合作医疗站。1971年，制定《潼湖华侨农场合作医疗实施方案》。

表2-18　　1971年潼湖华侨农场小学附属农场统计表

学校名称	面积（亩）	粮食产量（市斤）	总收入（元）
红卫小学	6.5	4766	415
五七小学	6.56	2889	322
红岗小学	11.3	6023	634
金星小学	5.2	3200	313
宏村小学	3	2400	235
光明小学	1.86	600	80

四 20世纪70年代末至80年代中期杨村华侨柑桔场、潼湖华侨农场的社会结构与社会事业的发展

(一) 社会结构

华侨农场是一个结构齐全的小社会，实行政、企、事合一的管理体制，既是安置归难侨的事业性基地，又是进行经济生产的企业实体，它是集社会性、企业性、侨民性为一体的特殊小社会。职能相适应的组织管理机构，华侨农场除组织生产、发展经济外，还有与社会生产职能相适应的组织管理机构，如行政、司法、武装、计生、公安、计划、经营、供销、财务、劳资等部门外，环保、城建、医疗卫生、科研、农田水利、公路交通、电力通信等。① 一直以来，华侨农场独立承担文教、卫生、治安等社会管理职能，以及从事路、电、水等基础设施建设。在高度集中、统一负盈亏的计划经济管理机制下，农场扮演既是企业又是政府的两种角色，承担生产经营和社会管理的两种职责。② 就华侨农场与当地的关系而言，转型以前的华侨农场是个独立的、封闭的、自成体系的小社会，与所在的地方政府和周边的农村几乎不发生关系，靠着国家的扶持而发展。③ 总体而言，无论是本地的村民，还是较早来到农场的印尼归侨，抑或稍晚到来的越南归侨，他们基本能够和睦相处，互相帮助，共同建设和发展自己的家园。④ 就归侨与农场当地职工的关系而言，他们杂居在农场内，彼此之间虽然有着共同的经济利益，但是归难侨的特殊身份令其比农场内的当地职工享受更多的政治待遇及经济补贴。扎根农场多年的职工，可以说是农场的开荒者，面对突如其来的新来者因身份特殊而比他们享受更多的优势，产生心理不平衡在所难免。就归侨与村民的关系而言，他们在资源配置、市场参与方面，并不发生

---

① 朱绍华：《消雪岭华侨茶场发展史研究》，硕士论文，暨南大学，2008年，第19页。
② 张晶莹：《福建华侨农场的社会化转型——以泉州双阳华侨农场为例》，硕士论文，厦门大学，2008年，第45—46页。
③ 张晶莹：《福建华侨农场的社会化转型——以泉州双阳华侨农场为例》，硕士论文，厦门大学，2008年，第46页。
④ 参见董中原主编《中国华侨史》(1)，中国社会科学出版社2017年版，第201页。

直接竞争。国家长期对归侨提供倾斜性扶持政策，使周边村民对其产生羡慕、妒忌的复杂心理，导致两者间的摩擦不断产生。同时，双方因文化差异产生偏见，也导致两者关系的复杂微妙。①

1. 杨村柑桔场的社会结构

其一，组织机构

杨村柑桔场各种组织机构健全，一如其他华侨农场，"党委、场长、各职能部门、人民团体等各司其职，共同管理和维护农场的社会秩序和正常运转。"②

就党组织而言，1970 年以前，为成立于 50 年代末的"中共广东省民政厅杨村基层委员会"。1970 年改为"中共惠阳专区五七农场委员会"。后又改为"中共广东省国营杨村柑桔场委员会"。1978 年起，改称"中共广东杨村柑桔场委员会"。1980 年，成立杨村柑桔场党的纪律检查委员会。

表 2-19　潼湖华侨农场第一届至第三届党委、纪委产生时间及组成情况

届别	党代会召开时间	党委组成情况	纪委组成情况
第一届	1970.10.30—11.5	书记：孙文卿 副书记：许传礼 常委：孙文卿、许传礼、郭怀信、任家振、刘振林	
第二届	1980.8.24—28	书记：许传礼 副书记：王有礼、陆锦琪 常委：许传礼、陆锦琪、王有礼、张永安、邹品威	书记：张永安 副书记：郑永贵
第三届	1984.9.4—5	书记：张永安 副书记：李坤辉 委员：张永安、李坤辉、古定才、何秋声、佟文才、张汉斌、陈德来、陈泗华	书记：李坤辉 副书记：潘玉波 委员：宋祥高、何秋声、张玉枢

---

① 孔结群：《重建家园在祖国不在家乡——以消雪岭华侨茶场越南归难侨为例》，硕士论文，暨南大学，2008 年，第 50 页。
② 朱绍华：《消雪岭华侨茶场发展史研究》，硕士论文，暨南大学，2008 年，第 19 页。

第二章 转型前的杨村华侨柑桔场、潼湖华侨农场

就职能部门而言，杨村柑桔场除了有一如其他华侨农场设置的党委办公室、场办公室、财务科、劳资科、教育科、武装部、计划生育办等科室之外，还设有具有政府职能的法庭、公安局、房地产管理所、粮油管理站等部门。

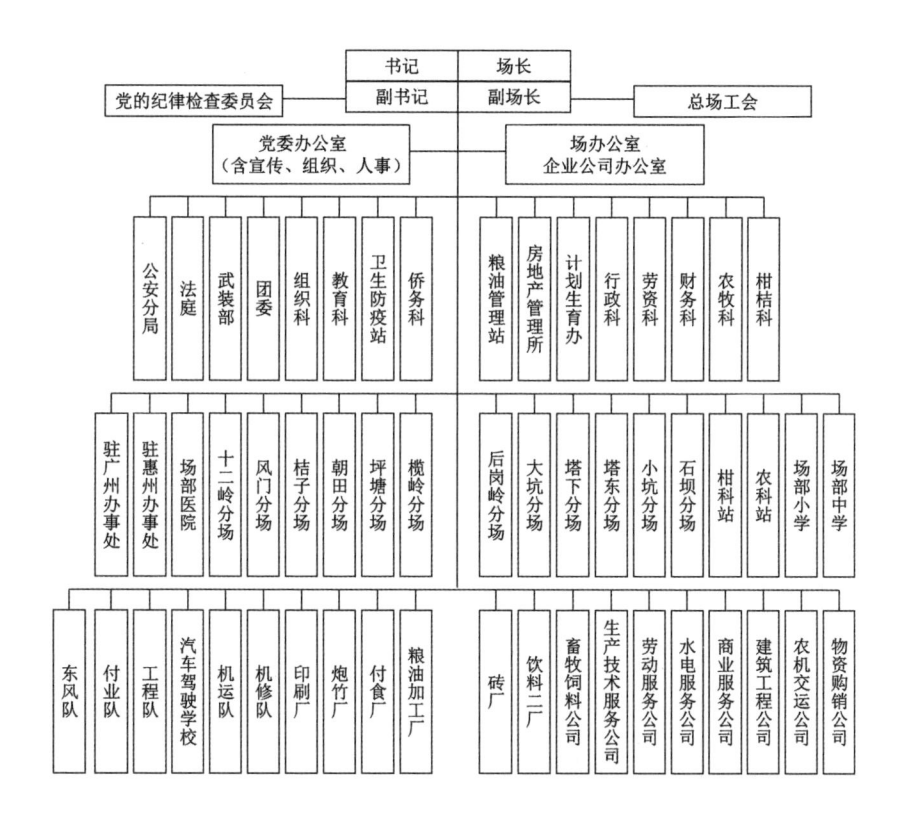

图 2-4　1985 年杨村柑桔场机构设置图

就共青团组织而言，1972 年以前，有成立于 1957 年的共产主义青年团广东省民政厅杨村农场总支部，隶属博罗县团委。1972 年，成立农场团委，隶属于惠阳专（地）区团委。从"文化大革命"结束到 80 年代中期，历时三届。

职工代表大会是企业实行民主管理的基本形式和基本制度，是职工行使民主管理权力的机构。1981 年，农场建立和健全职工代表大

会制度。至1987年底，先后召开二届共7次职代会。

表2-20　杨村华侨农场第一届至第三届共青团组织产生及组成情况

届别	团代会召开时间	团委组成情况
第一届	1972.10	书记：任家振（兼任） 副书记：孙洪发（兼任）
第二届	1983.11	副书记：方旭（专职）、郑大康（专职）、张幼翔
第三届	1987.10	副书记：朱观荣

表2-21　杨村华侨柑桔场第一届、第二届职代会情况

届次	召开时间	主要议程
一届一次	1981.1.21—24	①审议通过了陆锦琪代表总场所作"坚定信心，发挥优势，为把我场的生产建设搞上去而努力"的工作报告。 ②审议通过了《1981年生产计划和1981年至1983年生产规划》《1980年财务概算和1981年财务预算》《1981年经营管理方案》《工交经营方案》《柑桔队经营方案》《转制队经营方案》《1981年职工思想政治工作方案》《职工奖惩条例》《职工生活福利方案》等报告。
一届二次	1982.1.3—5	审议通过了《1981年工作总结和1982年任务的报告》《1982年经营管理方案的说明报告》《修改职工奖惩条例的说明报告》《第一届第二次职工代表提案的说明报告》。
一届三次	1983.1.24—27	审议通过了《1982年工作总结和1983年任务的报告》《1983年经营管理方案》《整顿劳动纪律及计划生育有关规定》《职工奖惩条例》以及"评议总场领导干部"等报告。
一届四次	1983.12.28—30	审议通过了《1983年工作总结和1984年主要任务的报告》《杨村华侨柑桔场经济包干责任制》《杨村华侨柑桔场职工奖惩条例试行草案》。
二届一次	1984.12.28—29	①审议通过邹品威所作"继续深入改革，提高企业管理水平"的1984年工作总结和1985年主要任务的报告。 ②审议通过《杨村华侨柑桔场经济包干责任制》《杨村柑桔场兴办职工家庭农场的若干规定》 ③选举产生第二届职工代表大会常任主席团

续表

届次	召开时间	主要议程
二届二次	1986.1.23—24	①审议通过《1985年工作基本情况和1986年主要任务的报告》《1985—1989年杨村华侨柑桔场经济包干责任制》。②对1985年先进单位、个人进行表彰。
二届三次	1987.2.13—14	①审议通过《1986年工作总结及1987年任务的报告》《1985—1989年职工经济包干责任制》。②对1986年先进单位、个人进行表彰。

杨村柑桔场工会成立于1978年。从20世纪70年代末到80年代中期，先后产生三届工会。

表2-22　　　杨村柑桔场第一届至第三届工会情况

届别	召开时间	工会领导
第一届	1983.3	主席：王有礼 副主席：汤荫华、郭德光、耿德山
第二届	1985.5	主席：黄华德 副主席：汤荫华
第三届	1988.3	主席：黄华德 副主席：张芹林

杨村柑桔场女工组织，1972年，成立"妇女联合会"。1979年，潘怀香任妇联主任。1983年，根据上级要求，已成立工会的企业，不再专设妇联，纳入工会，而成立女工委员会。

杨村柑桔场侨联成立于1982年7月。各分场设立侨联小组12个，有小组成员79人，各侨联小组由侨联委员会委员担任。全场侨联委员15人，已形成侨联工作网络和基础，侨联组织日益健全，越来越明显地发挥桥梁与纽带作用，成为农场重要的骨干力量。到1988年，先后产生三届侨联。

表2-23　　　　　杨村柑桔场第一届至第三届侨联情况

届别	成立时间	侨联领导
第一届	1982.7	主席：池廷敬 副主席：黄华德
第二届	1985	主席：黄华德 副主席：蔡明片、姚应崇
第三届	1988	主席：黄华德 副主席：姚日强、张亚三

2. 杨村华侨柑桔场的社会关系

杨村柑桔场场员主要是越南归侨。他们的祖籍多为广东、福建两省，但在国内的社会关系不多，主要关系在海外。由于华侨农场地处偏远农村，虽然中国政府给归难侨在生产、生活等方面尽可能地提供照顾，但农场生活条件毕竟比较艰苦。通过联系，海外亲友的生活状况更激发了难侨对异国生活的向往。杨村柑桔场所在的惠州，毗邻港澳，无论是信息也好，还是交通也好，远比山区华侨农场便捷得多。因此，在他们看来，只要到了香港，就到了"天堂"。① 1978年至1979年，大量归侨出境，尤其是1979年，达到高峰。

杨村柑桔场归侨与当地人的场员同在一个农场工作、生活。总体而言，能够友好相处；因为发展的不平衡，虽然没有明显的冲突，但关系有些微妙。笔者采访了越南归侨C女士，问及侨场哪一部分人发展得更好些。C女士似乎有些愤愤不平。在她看来，侨场的本地人，有亲戚朋友，门路广，参军、上学、提干，都是他们优先。前些年，农场经济不景气，本地人还可以通过广泛的人脉关系做生意；像他们这样没有关系的场员，只能在场里苦撑苦熬。对此，L先生表现得平静得多：别人有本事，吃香喝辣；自己没本事，也怨不得别人。

---

① 笔者采访了越南归侨L先生，他说他的姐姐在1979年成功到香港，后又到英国，生活富足，经常寄钱给他。为此，L先生感慨，要是当初有机会和姐姐一起出去就好了。

关于婚姻，杨村柑桔场归侨多在归侨中择偶。主要原因在于：一是华侨农场是一个相对封闭的社区，与外界接触不多。二是华侨农场的福利待遇相当长一个时期高于周边农村，这种优越感使得他们更倾向于选择"门当户对"的侨场职工。对于侨场外，他们自然不愿意"低就"。① 三是由于文化差异、风俗习惯，他们更愿意在归侨中物色对象。当然，这种现象并不是一成不变的。随着改革开放的深入，归侨的观念也会随之发生变化。笔者问及L先生兄弟姐妹的婚姻状况，L先生谈及最小的妹妹嫁给了农场外面的年轻人，就是通过打工认识的。

（二）杨村华侨柑桔场、潼湖华侨农场的社会事业

1. 教育事业

随着"文化大革命"的结束，党的十一届三中全会后，华侨农场的教育事业迎来了春天。华侨农场大力恢复和发展教育事业，兴建校舍、图书室、体育场，加大对教育基础设施的投入力度。由于农场对教育事业的重视，农场学校的师资水平进一步提高，生源日益增多。很多华侨农场采取"走出去，引进来"的思路兴办教育。教师既有每年分配到农场学校任教的大中专毕业生，也有由农场推荐到高校进修后回来任教的归侨职工、子女，从而实现了良性循环。这不仅解决了学校师资不足的问题，也实现了学校的可持续发展。这一时期，很多学校也扩大了办学规模，生源范围日益广泛，有本场归侨子女，也有来自附近村庄的学生。此外，由于越南归难侨的到来，农场开办了扫盲班，使归难侨尽快适应和融入国内生活，也尽力解决越南归侨的子女入学问题。②

（1）杨村华侨柑桔场的教育发展

70年代末到80年代中期，杨村柑桔场小学无论是在师资、生源、办学条件等方面，都有明显的进步。1978年秋，杨村柑桔场安置130

---

① 在访谈中，L先生毫不掩饰这种优越性。他一再强调，自己是全民的，是国家工人。
② 参见董中原主编《中国华侨史》（1），中国社会科学出版社2017年版，第202页。

名归难侨儿童到坪塘小学就读。这对侨场学校提出了严峻的挑战：因为这不仅涉及归难侨儿童与国内教育体系接轨的问题，而且最为紧迫的是语言学习的问题。坪塘小学为他们开办了补习班，重点提高中文语言表达能力，为他们插班、升学铺平了道路。1984年起，学制从五年改为六年；同时进行管理体制改革，坪塘小学交由坪塘分场管理。分级管理，坪塘小学可以获得更多的资金，改善办学条件，增加教学设备。朝田小学是1977年并场时接办的完全小学，附有初中班，其中小学6个班，初中3个班；有学生360人，教职工17人，9间破烂的泥砖瓦面教室，几乎没有教学设备。1981年，总场拨款增建砖瓦结构教室5间。1985年，总场又投资10万元建起300平方米的标准教学楼；同时，增建250平方米的办公室和教师宿舍。这使得朝田小学成为全场校舍最好的小学之一。1987年起，朝田小学实行分级办学，朝田分场每年至少投资1万元给学校增添教学设备，改善办学条件。

这一时期，杨村华侨柑桔场中学教育也有所发展。80年代，农场对全场学校布局进行规划。为了保证小学基础教育质量，农场陆续撤掉小学附属初中。1980年秋，首先撤掉坪塘小学、大坑小学、石坝小学附属初中。1983年，撤掉塔下小学、朝田小学附属初中。1984年，撤掉小坑小学、十二岭小学附属初中。70年代末，随着学生增加，杨村柑桔场开始大规模进行校舍建设。1977年8月，在场部中学投资14万元，新建1座三层的教学大楼，有教室20间，会议室1间，图书室1间，校长办公室1间，建筑面积1200平方米。1979年下半年，投资40万元，新建2座两层教学楼，共16间教室，建筑面积1400平方米。1984年至1987年，杨村柑桔场集资150多万元新建坪塘初级中学，有4座教学大楼，2座学生宿舍，供西片6个分场（坪塘、风门、十二岭、朝田、榄岭、桔子）的800多名学生就读。1988年，农场又集资80万元，新办"塔下初级中学"，供东片4个分场（石坝、小坑、塔东、塔下）的600多名学生就读。此外，1978年起，杨村柑桔场为解决师资不足的问题，以解决夫妻分居、安排家属就业等优惠待遇吸收和聘请场外优秀教师来场任教，提高学校教学质量。农场还想方设法解决教师住房、子女入托、入学等实际困难，激发教师的工作热情。1986年起，杨村柑桔场先后投资294万元在场部中学、坪塘中学、塔下中学兴建84套教职工住宅楼，建筑面积10080平方米。杨村柑桔场一贯重视教育，重视智力投资，重视人才培养。1979年起，用于教育事业的资金达1437万元，初步形成比较完善、结构合理的普通教育格局，教育质量显著提高。场部中学、场部小学、石坝小学等学校多次被广东省华侨农场管理局、惠州市教育局评为先进学校。全场适龄儿童入学率达到99.8%，初中录取率达到92.3%，高中（中专、中师）录取率达到65%，基本上普及九年义务教育。1977年恢复中等专业学校、高等院校招生考试制度以来，杨村柑桔场职工及其子女进入全日制大、中专院校就读的有584人。

表2-24　杨村华侨柑桔场1978—1985年初中毕业生考取中专、中师统计表

年份	场部中学	坪塘中学	塔下中学	小坑附中	桔子附中	朝田附中	合计
1978						1	1
1979							0
1980			1			1	2
1981	1						1
1982			2				2
1983	1		2				3
1984			3				3
1985	10	1	1		1		13
累计	12	1	9		1	2	21

表2-25　杨村华侨柑桔场1977—1985年高考录取情况统计表

年份	本科	专科	中专	合计
1977	1		1	2
1978	1	1	3	5
1979	1		8	9
1980			6	6
1981	1		15	16
1982	4	2	10	16
1983	5	2	13	20
1984	1	11	10	22
1985	10	6	18	34
累计	24	22	84	130

这一时期，成人教育也发展较快。1979年起，杨村柑桔场积极组织干部职工进行文化补习，先后选送职工到大专院校脱产进修。中央农业广播学校广东分校、华南师范大学自学考试辅导中心等教学单位先后多次在杨村柑桔场设教学班。1979年至1985年，杨村柑桔场组织职工参加中专、大专、本科阶段的脱产或业余学习，其中取得中专学历168人，取得大专学历74人，取得本科学历5人。1983年，经惠阳地区有关部门检查验收，杨村华侨柑桔场达到扫盲合格单位标准。

（2）潼湖华侨农场的教育发展

70年代末期至80年代中期，潼湖华侨农场幼儿教育取得一定发展。到1983年底，全场有幼儿园13所，其中位于菠萝山中心区的中心幼儿园，设备完善，聘请有幼师毕业的专职幼师。幼儿园分大、中、小班。大班相当于学前儿童班，进行识字和简单加减计算，还开设音乐、舞蹈等课程。

表2-26　　　1979—1985年潼湖华侨农场幼儿园情况

年份	幼儿园（所）	幼师（人）	幼儿（人）
1979	10	33	328
1980	11	34	397
1981	8	10	280
1982	6	13	209
1983	13	50	532
1984	15	49	412
1985	15	31	429

潼湖华侨农场小学教育有进一步发展。1979年，为安置越南归侨，潼湖华侨农场增加新侨小学1所。1980年起，农场各小学为学龄前儿童进行学前教育，为上小学打好基础，附设学前班。

1981年，为了提高教学质量，潼湖华侨农场撤销小学附属初中班，学生插入华侨农场中学。1984年，潼湖华侨农场将小学从五年一贯制恢复到六年一贯制。潼湖华侨农场小学教学质量在惠阳县一直名列前茅。1982年，连续四年获惠阳县统考成绩平均分第一名。

表2-27　　1980—1985年潼湖华侨农场小学学生、教职工人数表

年份	学校数量（所）	学生数量（人）	教职工数量（人）
1980	7	1157	62
1981	7	1272	62
1982	7	1298	69
1983	7	1211	—
1984	7	—	—
1985	7	113	67

这一时期，潼湖华侨农场中学教育也取得较大成绩。1978年，惠阳县华侨农场初级中学开始接收大量归难侨学生。1986年，为了解决归侨及子女入学问题，经惠阳县批准，恢复普通高中班，更名为惠阳县潼湖华侨农场中学，并列入惠阳县统一招生；除了满足本场职工子女就读外，还招收县内其他地区的学生。

潼湖华侨农场成人教育也取得较大进步。为了进一步提高干部、职工政治理论水平和科学文化技术水平，潼湖华侨农场成立成人教育领导机构。1982年，成立工农教育领导小组，组长为赖石添（潼湖华侨农场党委副书记）。1984年，成立扫盲工作领导小组，组长骆钦仪（潼湖华侨农场副场长）。1987年，成立成人教育中心，主任李石稳（潼湖华侨农场党委副书记）。80年代，国家在进行经济建设的同时，十分重视文化教育。在此背景下，农场重新开展文盲扫除工作。农场开办政治夜校，一边读书识字，一边开展政治学习。此外，还举办成人高中文化补习班。1985年，举办高中文化补习班，对干部职工进行补习。参加学习人员46人，课程有语文、政治、数学、历史、地理5科，分科考试，直到考试成绩合格为止；5门功课都合格者发给毕业证，与普通高中毕业生同等待遇。此外，开办农业技术培训班，主要包括水稻栽培、水果种植管理、茶叶栽培、淡水养殖、畜牧兽医专业培训等；还在各生产管区、各单位进行岗位培训，其中水稻班3个，茶叶班1个，水果班1个，淡水养殖班1个，兽医专业班1个。通过学习培训，培养了一批生产技术能手和生产骨干。

2. 医疗卫生事业

这一时期，华侨农场不断改进医疗硬件设施，提高医护人员水平，医疗卫生状况有较大改观。就纵向而言，比建场初期和"文化大革命"期间有较大提高；就横向而言，也明显高于周边乡镇卫生院（站）。全国的华侨农场普遍实行公费医疗制度，职工的医疗费全部由农场承担。农场设卫生院，各管区设医疗站。建场初期，归侨职工和家属可享受公费医疗，职工及家属都不用交医疗费，患病时也不用自己缴纳医疗费。但在这种制度下，职工普遍缺乏保障意识、费用意识、共济意识,容易造成医疗资源的浪费,而且医疗费用增长过快,无形中加重农场的财政负担,对后来农场的发展有一定的影响。此外,由于越南归侨的到来,给华侨农场的医疗条件造成一定压力。除了国家拨出专项资金改善和提高华侨农场的医疗水平外,很多华侨农场也得到联合国难民署等国际组织的人道主义援助。[①]

(1) 杨村华侨柑桔场的医疗卫生事业

80年代初,随着农场经济的发展,农场医疗水平进一步提高。总场投资近百万兴建广东省杨村华侨柑桔场医院,并于1983年4月交付使用。杨村华侨柑桔场医院购买了1辆救护车,陆续添置心电图机、A型超声波机等一批医疗设备。此后,又陆续购置B型超声波机、250毫安X机、牙科综合治疗机、大型洗衣机和烘干机、电热水器等一批先进医疗设备。住院部额定床位113个,实际可安放床位200个;设有内科、外科、妇科、传染科、儿科等科室;门诊设立中医疗室、西医疗室、五官科、骨科、牙科等门类;医院设超声波(A超、B超)室、心电图室、X光室、理疗室、化验室、手术室,还设有中西医药房、制药室、供应室、图书室、洗衣房等服务部门。杨村华侨柑桔场医院在各分场单位设立15个医疗室,还专设1个卫生防疫站。医院拥有一支技术水平较高的医疗卫生队伍,包括副主任医师1人,主治医师4人,医师31人,护士5人,检验士3人,药师1人,护士36人,护理员21人,其他医护工作人员近30人。医院比较重视提高广大医务人员的业务知识,每年派人到上级医疗部门或医学院校进修,院内认真抓好各类医务人员的业务知识学习。医院可以做难度较大、技术较复杂的手术,如脾摘除、胃切除、肠切除、剖腹产、大月份引产、截肢手术、胆囊手术、甲状腺手术、骨科手术等,成功率在99%以上。

杨村柑桔场卫生防疫保健事业取得较大的发展。在农场爱国卫生

---

① 参见董中原主编《中国华侨史》(1),中国社会科学出版社2017年版,第203—204页。

委员会领导下，建立该防疫站、医院以及15个基层卫生室为主体的卫生防疫保健网络，对农场广大干部职工的身体健康发挥了积极的保护作用。1982年，杨村柑桔场成立爱国卫生运动委员会，医院专设防疫组，初步建立卫生检查评比制度，开展环境卫生、饮水卫生评比，实施清洁卫生、除"四害"等突击性防疫措施。由于环境污染等原因，一些传染性疾病发生率较高。据统计，1981年至1985年，全场发生病毒性肝炎、细菌性痢疾、急性肠胃炎等1299例，每年因患钩端螺旋体病和狂犬病而死亡有2—3例。1985年，杨村华侨柑桔场成立卫生防疫站，有公共医师2人，检验士1人，工人1人；拥有低温和普通冰箱、显微镜等检验冷藏设施。防疫站成立以来，认真贯彻以预防为主的方针，每年组织突击性的清洁卫生工作2—3次，坚持分场每季度、总场每半年的卫生评比制度，取得较好的效果。

（2）潼湖华侨农场医疗卫生事业

70年代末至80年代中期，华侨农场医疗卫生事业取得很大进展。党的十一届三中全会以后，华侨农场职工医院建设也随之发展。不仅扩建门诊大楼，而且新建1幢三层楼的住院部，1幢四层楼的医技大楼，1幢七层楼的医生住宅楼；还购置现代大型医疗器械，完善医疗设备，设置配套齐全的医疗科室，增加医技人员，提高医疗水平。到80年代，医院成为惠阳县西部的医疗中心，承担镇隆、陈江、沥林、潼湖等镇的计划生育"四术"工作。1985年，场外就诊人数达到18449人次，住院617人次；被广东省华侨农场管理局评为"先进集体"。

表2-28　　　**潼湖华侨农场80年代大型医疗设备一览表**

名称	型号	产地	数量	单价（万元）	存放科室
脑血流图仪	RG—2B	上海	1	0.5	心脑电图室
心电图机	ECG—6511	日本	1	0.5	心脑电图室

第二章 转型前的杨村华侨柑桔场、潼湖华侨农场

续表

名称	型号	产地	数量	单价（万元）	存放科室
脑电图机	EEG—7314F	日本	1	9.4	心脑电图室
B超	EUV—200	日本	1	5.85	B超室
A超	CTS—5	汕头	1	—	B超室
200MA X光机	XG—200C	上海	1	4.3	反射科
尿十项全自动分析仪	泰利特100型	美国	1	2.3	化验室
血液分析仪	AC—900	瑞典	1	18	化验室
生化分析仪	RA—1000	美国	1	35	化验室
胃镜	XQ—20冷光源	日本	1	10	胃镜室

潼湖华侨农场依托职工医院的技术力量，逐步形成以职工医院为中心的医疗卫生网络。在农场有医院、大队有医疗站、队有卫生室的三级医疗卫生格局下，潼湖华侨农场实行小病不出队、重病医疗站诊断确认送农场医院的职工就诊模式。

潼湖华侨农场各管理区、生产大队设有（合作）医疗站，分配技术水平较高的医师1名，赤脚医生2—3名。医疗站是农场医疗卫生的基层单位，负责各管理区、大队的爱国卫生、卫生防疫等工作。

各生产队设有卫生室，负责所在生产队职工的疾病治疗与卫生防疫等工作。此外，农忙季节、冬春兴修水利时，各生产队卫生室送中草药、送凉茶到田间地头，为职工消暑解毒，防治季节性流行病、流感、麻疹等。潼湖华侨农场职工医院加强对赤脚医生的培训。截至1980年，共办培训班2期，加上平时跟班学习的人员，共培训合格赤脚医生56人，分配到各大队医疗站和各生产队卫生室。赤脚医生经过努力学习与医疗实践，业务水平有较大提高。他们有的被选调到上级医疗部门进行培训或进修，有的担任职工医院处方医生、护士，或到其他医务室工作，成为潼湖华侨农场医疗战线上的一支重要力量。

3. 文娱体育事业

华侨农场的文娱活动较有特色。农场归侨大多长期生活在东南亚各国，深受侨居国文化的影响。因此，华侨农场的文娱活动与周边乡镇相比，显得更加活跃和丰富多彩，构成华侨农场的一道亮丽风景。无论在重大节目还是参加地区性文艺会演，或是在工作业余，他们都能熟练表演印尼、越南等东南亚国家的风情舞蹈，并配以东南亚国家的民族乐器演奏，丰富了农场职工的生活。很多华侨农场都设有文化站、俱乐部、电影院、羽毛球馆、篮球场、足球场等文娱设施，农场职工的业余文体活动丰富多彩。一些华侨农场还成立文艺宣传队等群众性的文娱组织。这些文艺宣传队代表乡镇甚至县（市、区）去部队、工厂等慰问演出，并且经常参加地区（市）、县（区）举行的文娱体育活动。华侨农场的归侨及其子女，多数有体育活动的传统，农场也积极创造条件，给予支持。20世纪70—80年代，农场的体育活动开展得最活跃。很多农场的生产队都组织有足球队、拔河队、篮球队，每年的五一劳动节、国庆节、春节举办足球、篮球、拔河、象棋等比赛，有的农场还组织游园活动。①

（1）杨村柑桔场的文娱体育事业

20世纪70年代末至80年代中期，杨村华侨柑桔场公共文化娱乐场所不断开辟，健身健心设备不断更新和添置，各种文化娱乐设施逐步健全，不断满足群众文化娱乐生活的需要。1982年，总场投资6万元兴建电视差转台。此后，总场和大部分分场均安装电视公用天线。建有图书馆（室）3个，藏书3万余册。总场还在场部投资120万元，新建一座2594平方米的"杨柑场大会堂"，有1156个座位，可供大型文艺团体演出和放映宽银幕电影。

（2）潼湖华侨农场的文娱体育事业

实行改革开放以后，潼湖华侨农场大力发展文化事业。1981年，

---

① 参见董中原主编《中国华侨史》（1），中国社会科学出版社2017年版，第204—206页。

第二章 转型前的杨村华侨柑桔场、潼湖华侨农场

农场工会在菠萝山建立文化娱乐中心,有图书室、电影院、灯光球场等文体设施。在农场党校内,有老干部活动中心、卡拉OK厅等。菠萝山社区文化建设渐成规模以后,私营卡拉OK厅(室)达10多家。此外,文化用品书店从原来的1家国营店,发展到5家个体经营店。随着文化娱乐场所逐渐增多,文娱活动内容也逐渐丰富。

80年代,电影、电视是农场职工重要的文娱活动。农场职工可以天天看电影。农场有专门的电影放映队,放映设备有大机36mm、小机16mm各1部。放映队轮流下生产队放映电影,每隔一周放映一次,职工和群众可免费观看。改革开放后,电影由私人承包,观看电影要收费。电影放映由场部宣教科管理,改为由工会管理。这一时期,菠萝山社区增加了1家私人电影院——宏悦电影院。

80年代中期,电视机逐渐进入各家各户,从此再没有人下生产队放映电影。每天晚上,家家户户的男女老少都可以在家中看电视。看电视成为侨场居民最主要的娱乐活动。80年代初,多为黑白电视机;后来有了彩色电视机。原来独立的电视天线,改为公共天线。菠萝山有线电视服务公司(私营)成立以后,电视图像更清晰,节目播放更稳定,频道也逐渐增多。

这一时期,潼湖华侨农场体育活动丰富多彩。职工中最普遍、最经常开展的体育活动是打乒乓球、打排球、拔河等。每逢重大节日,还组织生产队、机关、学校等单位组成代表队参赛,既增添了节日气氛,又丰富了群众的生活。农场工会还在菠萝山社区中心建有灯光球场,为职工业余或夜间进行体育活动提供便利条件。排球、乒乓球、羽毛球深受归侨和青年学生喜爱,特别是印尼、缅甸归侨。潼湖华侨农场曾邀请世界羽毛球冠军梁小牧前来指导和表演,有力推动农场羽毛球运动的发展。农场代表队经常与驻地部队以及邻近的秋长公社、淡水公社、沥林公社、陈江公社等代表队进行友谊赛,还与市区代表队进行比赛。每个生产队、单位、学校都有篮球场。农场篮球运动有相当的群众基础,其中女子篮球队在惠阳县一枝独秀。足球也深受归侨、青年学生喜爱。为此,潼湖华侨农场专门在三区修建一个足球

场。在群众体育活动中，拔河运动是一项较为普及的项目。经常以大队为单位组织参赛，其中三区女子组、光明男子组等代表队实力较强。此外，职工爱好中国象棋的人不少，经常组织象棋比赛。知青李点魁甚至可以蒙着双眼与人下棋，水平较高。1982年至1984年，潼湖华侨农场连续三年被广东省、惠阳地区、惠阳三级总工会授予"体育先进集体"称号。

第五节 杨村华侨柑桔场、潼湖华侨农场存在的问题

华侨农场成立以来，国家通过制度安排建立起一整套自上而下的针对华侨农场与归难侨的管理体系。不仅造成大锅饭体制的固化，而且给中央和地方政府带来沉重的负担，还造成华侨农场和职工的严重依赖思想。由此出现诸如管理体制不顺、农场办社会、社会负担过重、依赖思想长期存在、与地方社会脱节等弊端。具体而言，华侨农场存在的问题主要有以下方面。

一 "小企业，大社会"，体制不顺

华侨农场自筹建之日起，就实行政企合一的管理体制，既有国有农业企业的经济属性，又有难民安置的政治属性。华侨农场具有企业性质，但又不同于一般的企业。中共中央〔1978〕3号文件明确规定，华侨农场是"带有事业性质的企业单位"。长期以来，华侨农场承担了文教卫生、公安司法、公路交通、环境保护、福利保险、劳动就业等属于政府行为的社会性管理事务，在长期发展过程中形成一个"小社会"。"转型以前的华侨农场是个独立的、封闭的、自成体系的小社会，与所在的地方政府和周边的农村几乎不发生关系。"[①] 在高

---

① 张晶盈：《华侨农场社会化转型探析——以泉州双阳华侨农场为对象》，《华侨大学学报》2010年第3期。

度集中的计划经济体制下,华侨农场既要承担作为企业的生产经营职能,又要承担政府的社会管理职能。在这种"小企业,大社会"管理模式下,华侨农场虽代替行使部分政府职能,但并没有赋予相应的权力,这与其作为独立的市场经营主体的地位很不适应。杨村华侨柑桔场、潼湖华侨农场虽于1988年10月下放惠州市领导和管理,但也存在体制不顺的问题。具体表现在以下几方面:

(一) 领导和管理体制没有理顺

1995年,杨村华侨柑桔场、潼湖华侨农场经市委、市政府批准设立经济管理区。但到1999年底,仍没有真正享有相当于县一级的行政、经济管理职能,行政上仍由市农委代管。

(二) 财税体制没有理顺

两个华侨农场政企不分。如果单纯是企业,只有上缴税收的义务,很多社会性工作由政府负责。由于历史原因,杨村华侨柑桔场、潼湖华侨农场实际上是一个小社会,党、政、财、文、工、农、商、学齐全,负担沉重。设立经济管理区后,两个侨场作为企业没有享受企业应该享受的政策,如社会保险和离休干部待遇。由于财税体制没有理顺,税务、工商等主要职能部门仍由属地政府派驻,杨村华侨柑桔场由博罗县派驻,潼湖华侨农场由惠阳市派驻。这样使得两个华侨农场的税收任务核定税额比当地镇还高。由于杨村华侨柑桔场、潼湖华侨农场没有自己一级财政体系,经济发展受到一定制约。此外,由于得不到二次分配,两个华侨农场还处于企业办社会的状况,给自身带来沉重的经济负担。

(三) 农场与政府的关系没有理顺

华侨农场办成小社会,为了应付日益繁多、复杂的社会性事务,不得不设置相应的科室,管理一些本应由政府管理的社会事务。企业代替政府管理政权工作,超出企业管理权限,不合理,不合法,名不正,言不顺;更何况,农场基础薄弱,确实无法管好这些行政性、社会性工作。此外,农场还要负担国家赋予的安置归难侨的任务。这样,华侨农场陷入企业不像企业、事业不像事业、政府不像政府的尴尬境地。就杨村华侨柑桔场而言，1977年至1980年，开始设法庭、武装部；1981—1983年，开始设计划生育办、公安局派出所；1985年，开始设公安分局、房地产管理所、粮油管理所；1986年至1987年，开始设卫生防疫站、劳动服务公司、劳动保险公司；1992年，设置建设规划办公室，负责本场基建工程的立项、报建、审批以及场部辖地范围内的建设规划管理工作。就潼湖华侨农场而言，也大体相似，也是一个肝胆俱全的"小社会"。1990年11月14日，成立潼湖华侨农场卫生防疫站，负责对全场食品卫生和公共安全进行监督管理。此前，卫生防疫工作由潼湖华侨农场职工医院负责。

二 社会性、政策性负担沉重

长期以来，华侨农场作为小社会，文教卫生、公安保卫、计划生育，样样俱全。离退休、退职职工的工资负担也很沉重。一些本来是地方政府职能范围内的事情，也均由农场负担；非生产人员过多，职工负担过重。华侨农场不仅要负担生产经营性支出，而且要负担文教、卫生、计划生育、公安司法等政府事务性经费支出和政策性支出。这些社会性、政策性费用都要用华侨农场的生产流动资金和依靠银行的贷款来支付，给中央、地方财政以及华侨农场造成沉重的社会负担，既制约农场经济的发展，又影响其文教卫生事业的发展。

（一）杨村华侨柑桔场的社会性、政策性负担

作为农业企业，杨村华侨柑桔场实行独立核算、自负盈亏，完成国家下达的各项指标和任务。但由于现行的体制和历史原因，杨村华侨柑桔场办成了小社会，设有公安、法庭、武装、计生、教育、侨务等行政职能科室14个。这些科室的设置，与农场生产经营并没有直接的关系。比如，1995年，杨村华侨农场公安、司法部门破获刑事案件24宗，破获犯罪团伙10个，抓获团伙成员28人；调解民事纠纷37起，治安处罚和批评教育48人；此外，调处经济案和婚姻家庭

案70件；在侦破案件中，追回现金79260元，挽回经济损失80多万元。① 以企业的体制去行使管理社会的责任，名不正，言不顺，行不通；并且这些机构的设置大大增加了农场的负担。据不完全统计，农场每年在这方面的开支不少于300万元。这些负担，大大超过农场的经济承受能力。

（二）潼湖华侨农场的社会性、政策性负担

就潼湖华侨农场而言，1994年，侨场的学校、医疗、公安、计划生育、离退休人员工资等方面共支出634.5万元，具体包括：（1）学校经费230万元，其中教职工人头费近150万元，校舍建设、维修费30万元，教师住房建设50万元。（2）医疗费开支145.2万元，其中医生、护士人头经费67.2万元，公费医疗开支20万元，医疗设备8万元，医务人员住房建设50万元。（3）公安经费141万元，其中人头经费46万元，车辆、警械设备等25万元，办公楼建设50万元，住房建设20万元。（4）计划生育15万元。（5）离退休人员624人工资补贴112.3万元。这些社会性、政策性开支，除了省财政下拨99.2万元及惠阳市教育局拨付75.8万元外，其余459.5万元都要农场自己解决；并且，随着市场经济的建立和改革的不断深入，文教、卫生、公安等方面的费用不断增加，农场的负担更加沉重。

为了解决社会性、政策性支出的缺口，各级财政主要是省级财政还要追加拨款。以1995年、1996年为例，1995年，省财政厅追加公安干警、中小学教师粮油及主要副食品价差，列入农场事业费——政策性社会性支出，其中杨村华侨柑桔场补贴405人，总金额99万元，潼湖华侨农场补贴164人，总金额41万元；追加公安干警、中小学教师粮油及主要副食品调资经费3.4万元，其中杨村华侨柑桔场2.4万元，潼湖华侨农场1万元；追加难侨生活困难补助费73万元，其中杨村华侨柑桔场55万元，潼湖华侨农场18万元。1996年，省财政

---

① 1996年3月29日，场长古定才在杨村华侨柑桔场第五届职工代表大会第三次会议上所作的工作报告：《坚定信心 群策群力 为实现"九五"计划创造良好开端》。

厅追加政策性社会性支出47.5万元给惠州市,其中杨村华侨柑桔场37万元,潼湖华侨农场10.5万元;追加难侨生活困难补助费71万元,其中杨村华侨柑桔场54万元,潼湖华侨农场17万元;安排华侨农场小型水利支出15万元,其中杨村华侨柑桔场10万元,潼湖华侨农场5万元;追加公安干警、中小学教师粮油及主要副食品价差3.4万元,其中杨村华侨柑桔场2.4万元,潼湖华侨农场1万元;下达华侨事业费(归难侨离退休工资、出国定居探亲、中小学经费不足)30万元,给潼湖华侨农场。

社会性、政策性的巨大开支,也是华侨农场负债的一个重要方面。潼湖华侨农场在撤场设镇前,总负债高达1.1亿元,主要负债包括征地款、场部机关干部的工资、工程款、银行借款等。潼湖华侨农场每年正常运转经费存在巨大的缺口。就收入而言,主要有两项:一是通过财政转移支付获得560万元,其中省级财政拨付210万元,市级财政拨付350万元。二是厂房收入100万元。就支出而言,农场的中小学、公安、政法、退休人员等项经费累计1375万元。两相对比,缺口达715万元/年。

表2-29 潼湖华侨农场撤场建镇前主要欠账一览表　　　单位:万元

项目	欠账单位	欠账金额	备注
(1)征地款	光明村	2000	每年支付村民生活费50万元
(2)征地款	宏村村	1500	每年支付村民生活费20万元
(3)工资	场部机关	506	欠机关在职干部职工一年工资,欠退休干部10个月工资
(4)社保基金	社保局	400	
(5)出国归难侨退休费	92人	65	
(6)工程款		1666	
(7)借款、集资款	外单位及个人	2091	
(8)正常借款	农场等单位	2866	
合计		11094	

表2-30　　潼湖华侨农场撤场建镇前经费缺口情况一览表　　单位：万元

项目	年收入	年支出	备注
（1）财政转移支付	560		省210万元，市350万元
（2）公安		50	财政转移支付
（3）场部教师		30	财政转移支付
（4）退休干部		250	财政转移支付
（5）厂房收入	100		
（6）工资		400	
（7）水电费用		20	
（8）车辆费用		20	
（9）办公经费		30	
（10）社保金		480	
（11）村民生活补偿费		70	宏村村20万元，光明村50万元
（12）困难归侨生活补助费		25	
合计	660	1375	

三　农业产品结构单一，经济效益低

华侨农场在发展过程中存在一些问题，如农业产品结构单一，工商业基础薄弱，经济效益低，缺乏市场竞争力等，这些都是制约华侨农场发展的重要因素。杨村华侨柑桔场和潼湖华侨农场也面临这样的问题。

在计划经济管理体制下，华侨农场难以适应激烈的市场竞争形势而出现大面积的亏损。20世纪70年代末到80年代初，杨村华侨柑桔场连续出现亏损。1980年，杨村柑桔场工业总产值919万元，生产性亏损135万元，净亏损290万元；1981年，经营性亏损110万元，净亏损191万元；1982年，全场工农业总收入963.2万元，总支出10099万元，生产性亏损63.3万元，净亏损149.8万元。1989年，杨村华侨柑桔场和潼湖华侨农场合计亏损172.8万元，其中杨村华侨柑桔场亏损 159.9 万元，潼湖华侨农场亏损 12.9 万元。之所以如此，有几方面的原因：

（一）工副业缺乏竞争力

杨村柑桔场在改革开放前开办的工副业，主要是为了归侨的安置以及生产生活建设。比如，加工厂、砖厂、石灰厂、粮油加工厂、米粉厂、机修厂等，在当时的历史条件下，发挥了重要作用。但是，随着社会的发展，这些企业已经失去竞争力，出现严重亏损而逐步淡出历史舞台。改革开放前，潼湖华侨农场的主要工副业有酒厂、锯木厂、茶厂、砖瓦厂、碾米厂、简易农机修配厂、榨油作坊、榨糖作坊等 13 家，工业总产值年均 24.3 万元，占工农业总产值的 6.1%。20 世纪 80 年代，这些企业基本上被新兴的毛织厂、塑料厂、手袋厂、电子厂等取代。

（二）产品结构单一

在产业结构中，华侨农场的农业占比较大；而农业又很难摆脱靠天吃饭的局面。杨村华侨柑桔场是以种植柑桔为主的农业企业，体现鲜明的"农"特色。1981 年，全年总收入 929 万元，其中柑桔 601 万元，占 64.69%，农副业 202 万元，占 21.74%，商业 6 万元，占 6.45%。柑桔生产受到自然条件的影响，如果风调雨顺，则柑桔增产，职工增收。1986 年，柑桔产量 5.9 万担，达到历史最高水平，全场扭亏增盈 137 万元；全场承包柑桔超报酬达 2 万元的有 11 户，达万元的有 141 户。此外，柑桔生产还受生产成本、市场价格等因素的影响。1989 年，柑桔黄龙病防治工作得到巩固和提高，总产 66.6 万担，超历史最高纪录，但生产成本比上年大幅增加，市场价格比上年大幅下跌。因此，1989 年，柑桔生产增产减收：总产量比上年增产 5 万多担，但总产值反而减少 1700 多万元。如果说杨村华侨柑桔场的经济是柑桔经济，那么潼湖华侨农场的经济可以称为茶叶经济。潼湖华侨农场茶叶占较大比重。1989 年 7 月，潼湖华侨农场连续遭受严重干旱，茶青产量比上年减产，茶叶生产也由 1988 年的盈利 8.4 万元变为亏损 3 万元。

四 依赖思想严重

由于长期的华侨农场体制，造成华侨农场、归难侨存在相当程度的依赖思想。就华侨农场而言，"国家通过严密的科层体系对华侨农场在资源分配上进行倾斜，华侨农场生产设备和物资供应列入国家计划，产品由省统购统销。这些都造成了华侨农场'大锅饭'体制的固化以及对于国家更进一步的依赖。"① 归难侨也是如此，"华侨农场的归难侨由于受到国家层面的特殊照顾与扶持，其生活水平在相当长的一段时间内普遍高于周边的农民群体，这也无形中塑造了归难侨的'相对优越感'以及依赖特殊照顾的习惯。"②

（一）华侨农场的依赖思想

国家为了照顾华侨农场的生产困难，给予免税政策。国家的各种政策性照顾，也无形之中助长了华侨农场的依赖思想。具体来说，各种税费可多缴可以少缴的，尽量少缴；可少缴可不缴的，尽量不缴。就税收而言，1985年至1989年，国家减免华侨农场工商税，提取生产发展基金，用于改善华侨农场的生产、生活条件。1990年，杨村华侨柑桔场以经济困难为由向惠州市政府申请，1990年起，再给予3—5年免征工商税的照顾。此外，工会费是各级工会组织为了开展工会活动，对于国家机关、企事业单位根据工资、奖金总额按比例计提的费用。1989年，杨村华侨柑桔场应按规定向惠州市总工会上缴工会费78912.48元。杨村华侨农场上缴3万元之后，以经济困难为由要求对其余的48912.48元工会费申请减免。惠州市总工会最终同意减免三分之一，其余三分之二仍需补缴。③ 能源基金和预算调节基金是由国家财政征集的专项资金。华侨农场作为国营

---

① 黎相宜：《国家需求、治理逻辑与绩效——归难侨安置制度与华侨农场政策研究》，《华人华侨历史研究》2017年第1期。
② 黎相宜：《国家需求、治理逻辑与绩效——归难侨安置制度与华侨农场政策研究》，《华人华侨历史研究》2017年第1期。
③ 参见惠州市总工会给杨村华侨柑桔场工会的《关于杨村华侨柑桔场工会〈免上缴工会经费少缴的申请报告〉的批复》（惠市工总财字〔1990〕2号）。

企事业单位,是缴纳义务人。1990年,潼湖华侨农场以市场疲软、受自然灾害影响、经济效益不景气等原因向惠阳县税务局提出减免当年的能交基金和预算基金。为此,广东省税务局批复,同意惠阳县税务局减免潼湖华侨农场1990年欠缴的能源基金1万元,欠缴的预算调节基金3万元给予减征2万元的照顾。1992年,惠阳县税务局减免潼湖华侨农场1991年应缴的能源基金6万元和预算调节基金4万元。1991年,杨村华侨柑桔场申请减征1989至1991年能交基金和预算基金。1992年,惠州市税务局批复同意,对杨村柑桔场1989年至1991年给予减征能交基金267185元及预算基金156642元的照顾。

由于习惯于向国家伸手,华侨农场已经不能满足于坐等国家的优惠政策,而是进一步提出照顾要求。1987年,杨村华侨柑桔场要求广东省民政厅每年拨付一定数量的社会救济费,解决并入本场农民的生活困难问题。根据民政部、财政部《抚恤、救济事业费管理使用办法》的通知精神,农村社会救济费和自然灾害救济费只能用于在农村中生活困难户或自然灾害致使生活困难的灾民的救济;而并入杨村华侨柑桔场的农民已经成为国营农场的成员,不是农村农民救济的范围,场民的生活问题,不应由国家拨付的社会救济款来解决。为此,广东省民政厅驳回了杨村柑桔场的这一要求。[①] 1992年,杨村柑桔场向惠州市政府请示(杨柑字〔1992〕24号),要求免交各项,用于维修改造归难侨住房。根据广东省政府办公厅粤府办〔1992〕27号文的规定,农林特产税减免的对象主要是亏损的华侨农场,而杨村华侨柑桔场为盈利场,不在减免之列。此外,惠州市对杨村柑桔场已经给予了很大的照顾。1991年,按规定应交税款576万元,但市财政只收取20万元的管理费,并且返还了10万元。1992年,杨村柑桔场上缴农林特产税30万元,博罗县财政返还15万元。为此,惠州市政府

---

① 参见广东省民政厅《关于要求给华侨农场并场农民拨发农村社会救济款问题的复函》〔(87)民救发字第35号〕。

不同意杨村柑桔场免交农林特产税的请求。①

华侨农场甚至基于严重的依赖思想，误解乃至公然抵制国家的税收政策。1984年，财政部下发《关于对国营华侨农场、工厂免征工商税和农业税的通知》，其中关于国营华侨农场免税的规定主要包括：法定纳税人是国营华侨农场，就适用国营华侨农场免税的有关规定；法定纳税人不是国营华侨农场，就不适用国营华侨农场免税的有关规定。杨村华侨柑桔场拒绝税务机关的税务管理，提出在农场范围内的农贸市场、个体户等应纳税款均由农场收取。为此，广东省税务局下发《对国营华侨农场有关工商税收免税照顾的复函》（〔84〕粤税办字第034号），明确指出，华侨农场是纳税单位，应当依法履行纳税义务；国家考虑华侨农场的困难，在一段时间内给予免税照顾；在免税期间，税务机关仍然应当对国营华侨农场进行税务管理，对哪些免税，对哪些征税，要作出征免鉴定，并在免税期满后恢复照章征税；国营华侨农场对国家免税照顾的措施不要产生误解，应当协助税务机关贯彻税务政策；如果阻挠税务人员执行公务，甚至提出要税务机关撤出农场范围，农场要自制税票，由农场派人在场内收税，税款由场收取据为己有，这是错误的，应当纠正。广东省税务局〔84〕粤税办字第034号下达后，博罗县税务局进驻杨村华侨柑桔场贯彻文件指示精神。杨村华侨柑桔场提出，建场30多年来国家都没有下达养猪上调任务，也没有供应，都是靠农场自养自宰，农场职工养猪自宰出售或卖给场内宰杀出售，要求仍按"三自"处理免征屠宰税；农场职工承包本场商业、饮水、服务业等经营项目，虽然是自负盈亏，但还向场部上缴适量管理费，享受劳保、退休等福利待遇，经济性质不变，要求免予征税。②

（二）华侨农场职工的依赖思想

作为华侨农场主体的归难侨，也存在严重的依赖思想。对此，笔

---

① 参见惠州市政府《关于杨村华侨柑桔场要求免交有关税费的复函》（惠府办函〔1992〕220号）。

② 参见博罗县税务局给广东省税务局的《关于杨村华侨柑桔场免税问题的报告》（〔1984〕博税字第57号）。

者对杨村华侨柑桔场、潼湖华侨农场的归侨进行了访谈。在访谈中，归侨明显流露了这一点。当问到农场撤场改镇前后的生活情况，越南归侨 W 女士情绪激动地说，撤场改镇后每月还有 3000 元左右的退休费；改制前农场经济效益不好，农场职工过得苦，政府都不管。① 当问到生活现状，印尼归侨 L 先生感到很满足，每月工资 12000 元左右。他对潼湖华侨农场与杨村华侨柑桔场发展状况进行比较后告诉笔者，华侨农场发展得怎么样，华侨农场职工生活得怎么样，关键是要有一个好"爸爸"。② 显然，他说的这个"爸爸"是指政府。L 先生所在的潼湖华侨农场，改制后属惠州市仲恺高新技术开发区，他所说的这个"爸爸"GDP 在惠州市县区中名列前茅，是富"爸爸"；而 W 女士所在的杨村华侨柑桔场，改制后属博罗县、GDP 在惠州市各县（区）中靠后，是个穷"爸爸"。华侨农场所在经济发达地区的地方政府，以其雄厚的经济实力不折不扣贯彻国家的优惠政策，为华侨农场、农场职工带来更多的实惠。不管是穷"爸爸"，还是富"爸爸"，总归是要哭才有"奶"喝；至于抱怨"奶"多"奶"少，则是另外一个问题了。由此，折射出华侨农场与归侨的一般心态。

五 土地权属不明晰

土地权属争议问题，是历史形成的。争议的主体主要涉及华侨农场与周边村集体以及部队等。土地权属争议问题是困扰华侨农场的一个突出问题，直接关系到华侨农场的发展。

（一）杨村华侨柑桔场的土地权属之争

杨村华侨柑桔场的土地权属之争，既涉及农场与农场内部集体队之争，也涉及与周边镇、村存在土地权属之争。

就农场内部之争，主要表现为并队入场但未转为全民所有制的集体队要求杨村柑桔场将其带入的土地退回生产队。1966 年，广东省

---

① 根据本人在 2019 年 10 月 11 日在杨侨镇的访谈资料进行整理。
② 根据本人于 2019 年 10 月 22 日在潼侨镇的访谈资料进行整理。

第二章 转型前的杨村华侨柑桔场、潼湖华侨农场

民政厅杨村农场（杨村华侨柑桔场的前身）为了发展生产，扩大农场土地面积，接收周边 44 个生产队入场。生产队入场时写了入场申请书，经农场审批同意，并由农场与生产队签订"并场协议书"，以明确土地权属和债权、债务负担等。生产队并入农场后行政上隶属农场，生产队社员称为场员，领取工资；土地随人进场，即所有并入农场的生产队土地转为农场所有，由农场统一规划经营。农场根据政策规定，对具备条件的生产队报上级审批转为全民所有制，条件暂不具备的生产队保留集体所有制。被农场接收入场的 44 个生产队中有 15 个生产队先期转为全民所有制。农场对未转为全民所有制的生产队（通常称为集体队）在多方面也给予全民所有制生产队同等对待，各个生产队都有场员转为全民所有制职工，并可作为招干、招生对象。1994 年，杨村华侨柑桔场集体队到惠州市政府上访，并提出，他们未转为全民所有制，要求杨村华侨柑桔场将土地退回生产队。惠州市国土局、农委、博罗县国土局组成联合调查组，对杨村华侨柑桔场的土地权属问题进行了调查。调查组认为，生产队自 1966 年并入农场后就隶属农场，与农场签订的"并场协议书"中明确了生产队原有土地权属归农场所有；目前尚未转为全民所有制的生产队，其所有带入农场的耕地仍然是生产队所有，农场使用的原生产队山林地和少量旱地，均签有协议，作过补偿；杨村华侨柑桔场集体队的要求不具有法律依据。① 就杨村华侨柑桔场土地权属问题，惠州市政府函复：其一、杨村华侨柑桔场与原入场的生产队均签订过"并场协议书"，并作过适当补偿，根据国家有关土地权属问题的规定，生产队原有的土地权属应归柑桔场所有。其二、柑桔场范围内尚未转为全民所有制的生产队，由杨村华侨柑桔场按国家有关政策规定，尽快提出具体处理方案进行妥善处理。其三、杨村华侨柑桔场应对尚未转为全民所有制的集体队在发展生产上给予必要的扶持照顾。其四、对目前个别集体

---

① 惠州市国土局、惠州市农委、博罗县国土局：《关于杨村华侨柑桔场土地权属问题的报告》（惠市国土函〔1994〕13 号）。

队存在的不稳定状况，杨村华侨柑桔场应积极做好教育工作，宣传党的政策，稳定生产秩序。市国土局也应主动予以配合。①

至于与周边村镇之间的土地权属之争，也时有发生。杨村华侨柑桔场与邻近8个乡镇、32个管理区接壤，土地周边线长约60千米。由于历史原因，很多土地边界没有办理完整手续。因此，经常发生土地纠纷。一旦发生土地纠纷，小则吵吵闹闹，大则冲击机关，打砸伤人。②

（二）潼湖华侨农场土地权属之争

20世纪90年代初，潼湖华侨农场宏村村与广州军区后勤部沙河农场潼湖分场关于荔枝山西面发生权属争议问题，双方分别向惠阳市政府及国土部门写信和上访，要求按政策处理。争议地位于荔枝山西面，面积630亩，原是荒地。1967年，广州军区潼湖基地将这片土地开垦为耕作区。1979年，部队停止耕作，将其改为牧场。1992年，惠阳县政府曾派出工作组进行调查，并提出权属界线划定的建议。由于双方意见不一，未达成协议。1995年，惠阳市政府作出处理决定：其一、争议的630亩土地属国家所有。其二、双方争议的630亩土地按1992年11月11日惠阳县政府工作组提出界线划定使用权。界的北面土地归宏村村集体使用，界的南面归广州军区后勤部沙河农场潼湖分场使用。其三、划归沙河农场潼湖分场的土地的东面须预留作6米宽共用的排洪沟的用地。③

---

① 惠州市人民政府办公室：《关于杨村华侨柑桔场土地权属问题的复函》（惠府办函〔1994〕108号）。
② 参见杨村华侨柑桔场呈交广东省政府《关于我场行政隶属关系问题的情况反映》（杨柑字〔1992〕36号）。
③ 参见广东省惠阳市人民政府《关于广州军区后勤部沙河农场潼湖分场与潼湖华侨农场宏村土地权属争议问题的处理决定》（惠阳府函〔1995〕6号）。

第三章　杨村华侨柑桔场、潼湖华侨农场的社会化转型

在计划经济体制下，华侨农场长期扮演双重角色：既要充当企业角色，承担生产经营的职能；又要充当政府角色，承担社会管理职能。在市场经济条件下，华侨农场角色的错位日渐凸显。"在市场经济条件下，农场的内外经营条件相应发生了重大变化，这使农场的生产经营与社会管理的两种目标取向很难一致。那种'小农场、大社会'的运行模式与华侨农场作为独立的市场经济主体的地位不相适应，农场只替政府行使部分职能，没有相应的职权，农场与地方政府部门之间的利益关系没有得到根本解决。"[①] 这样使得华侨农场不能适应市场经济的要求，没有成为自主经营、自负盈亏的实体，背上沉重的包袱而缺乏市场竞争力。为此，国家不断地给华侨农场投入，以提高其造血功能。这不仅给华侨农场造成巨大的亏损，而且给国家带来沉重的负担。因此，在此背景下，进行机制、体制改革，推动华侨农场的转型，也就势在必行。大致说来，杨村华侨柑桔场、潼湖华侨农场的转型经历了转型探索期和转型期两个阶段。

---

① 张晶莹：《华侨农场社会化转型探析——以泉州双阳华侨农场为对象》，《华侨大学学报》2010年第3期。

第一节　杨村华侨柑桔场、潼湖华侨农场的转型探索

总体而言，华侨农场改革要相对滞后于国企改革。党的十一届三中全会明确提出"经济体制改革"，并开启国企改革的进程。但是，由于华侨农场的特殊性，其改革相对延后。1984年10月，党的十二届三中全会提出，国企改革的目标是实行政企分开，所有权与经营权相分离，使企业真正成为自主经营、自负盈亏的相对独立的经济实体。在国企改革初步取得成效后，国家着手对华侨农场实行经济体制改革，打破"大锅饭"体制，扭转华侨农场逐年亏损的状况，提高农场的经济效益，改善农场职工的生活。1985年12月，中共中央、国务院在《关于国营华侨农场经济体制改革的决定》中指出，实行和努力完善联产承包责任制，根据生产需要和群众意愿，积极发展家庭农场和各行各业的承包户、专业户、联合体，以及各种形式的合作经济组织；大力发展多种经营，广开生产门路，使农场的土地经营逐步向种田能手集中，尽可能多的归侨、难侨从土地或农场分离出来，分别进入社会各个行业行列，做到人尽其才，各得其所。① 在这一背景下，杨村华侨柑桔场、潼湖华侨农场的转型探索主要包括70年代末到80年代初改革以及80年代中期改革两个阶段。

一　70年代末到80年代初的改革

"文化大革命"对生产力造成严重的破坏，华侨农场面临一些问题。大体而言，主要包括以下方面：一是政企职责不分，集中过多，农场缺乏应有的经营管理自主权。二是华侨农场经济结构单一和产业结构单一，劳动力大量过剩，经济没有搞活。三是分配制度上的平均

---

① 《中共中央、国务院关于国营华侨农场经济体制改革的决定》，中国侨网（huttp://www.chianqw.com/node116/node1122/userobject6ai57752.html）。

第三章 杨村华侨柑桔场、潼湖华侨农场的社会化转型

主义,农场吃国家的大锅饭,职工吃农场的大锅饭。①党的十一届三中全会后,华侨农场逐步建立各种形式的生产责任制,改善经营管理,提高经济效益。首先,调整和充实部分华侨农场的领导班子,抓生产抓管理,在实践中不断提高干部的生产管理水平。通过实行政企职责分开,简政放权,把生产经营自主权下发给企业职工家庭农场和各行业的承包者。其次,普遍实行财务包干、结余留用、超支不补的制度,和抓以包、定、奖为中心的生产责任,改进劳动计酬形式,打破大锅饭,调动农场职工的生产积极性。最后,实行联产承包责任制,兴办职工家庭农场,形成全民、集体、个体经济并存,农工商一起上的经济格局。②

"文化大革命"期间,杨村华侨柑桔场恢复按班集体劳动,实施定额管理等级工资制,也就是说,农场职工每人每月完成25.5个劳动日定额后,则各自领取本人的等级工资。70年代末到80年代初,杨村华侨柑桔场贯彻党的十一届三中全会的路线、方针、政策,开始推行经济体制改革,实行分场对总场、生产队对分场的三级财务包干。具体包括两种形式:

(一)1978年至1981年,分三条线联系产量的利润或减亏提成奖。单位年劳平创造利润300元以下的,按总场50%、分场10%、生产队10%、个人30%的比例提成奖励;单位年劳平创造利润301元—800元的,按照总场60%、分场10%、生产队10%、个人20%的比例提成奖励;单位年劳平创造利润800元以上的,按照总场60%、分场10%、生产队15%、个人15%的比例提成奖励。单位年平均减亏300元以下的,按减亏部分的15%提成奖励给个人;单位年平均减亏301至800元的,按10%提成奖励给个人;单位年平均减亏800元以上的,按7.5%提成奖励给个人。生产队个人部分提成奖金,不得超过全队3个月的工资总额,按不超过20%的差额分三等发放到

---

① 参见董中原主编《中国华侨史》(1),中国社会科学出版社2017年版,第174页。
② 参见董中原主编《中国华侨史》(1),中国社会科学出版社2017年版,第174—175页。

人。生产队干部的奖金按生产队前10名职工奖金平均数增8%—11.2%，受罚则增加5%，总场、分场工作人员的奖罚，按照全场或所属分场各队的平均数执行。1981年规定，单位年劳平创造利润三条线分别调整为总场40%、分场20%、生产队10%、个人30%，总场50%、分场20%、生产队10%、个人20%，总场60%、分场10%、生产队10%、个人20%。

（二）实行一、四、五的工资分配形式。即个人等级工资中10%为责任工资（留总场，1982年起，固定为年40元），40%为出勤工资，50%为定额工资。

1982年至1983年，实行包树位到人，建立四定（定树位株数面积、定产量产值、定成本、定盈亏）、一奖罚（超产奖和超利润分成，欠产赔罚）、财务包干和专业承包、联产计酬相结合的经济责任制。（1）奖励：每超产一担水果，奖励10元给承包者（应扣除成本），2元给队奖励后勤人员和管理抚育柑人员。超利润部分，按总场35%、分场30%、队15%、个人20%的比例分成。减亏部分，按照总场40%、分场10%、生产队10%、个人40%的比例分成。生产队、分场和总场工作人员在完成单位的产量、产值、利润或限亏指标后，单位大多数职工受奖，才能提取奖励。（2）扣罚：每欠产一担柑扣罚5元，欠产值按每担30元计，40元责任工资不足扣罚的，余额挂账到下年还清。

二 80年代中期改革

1985年，是华侨农场改革关键的一年。在对华侨农场进行充分调研的基础上，1985年12月19日，中共中央、国务院联合下发《关于国营华侨农场经济体制改革的决定》（以下简称《决定》）。《决定》指出："华侨农场问题的症结是：囿于全民所有制的经济体制和管理模式，经营管理权过于集中，产业结构单一，吃大锅饭。这种体制不利于充分发挥劳动者的积极性和主动性，严重束缚了生产力的发展。"《决定》提出华侨农场经济体制改革的指导思想：走我国农村改革道路，彻底改革现行的农场经济体制，逐步调整产业结构，切实扩大生产经营者的自主权，充分调动归侨、难侨和广大职工的积极性，促进生活发展，实现勤劳致富。① 这次改革的目标和内容主要集中于改革华侨农场的领导体制、改革经营管理和财务制度、实施对部分归难侨及其子女重新安置政策、继续给予必要的财政支持等方面。

（一）杨村华侨柑桔场 80 年代中期改革

1984 年以后，杨村柑桔场根据农业生产分散、多变、风险大的特点，依据所有权与经营权适当分离，责、权、利密切结合，国家、企业、个人三者利益合理兼顾，劳动者个人的经济收入必须同最终产品直接挂钩等原则，全面实施和完善以分为主、统分结合的双层经济包干责任制。

1. 总场对上一级（省华侨局、惠州市农委）承包，实行场长任期目标责任制。

2. 分场、工厂和公司按照"六个坚持"和自负盈亏的原则对总场承包。"六个坚持"是指：坚持多种形式的承包经营责任制；坚持指令性生产技术措施；坚持主要生产资料统由总场调拨；坚持全场资金统一调配使用；坚持同经济效益直接挂钩的分配制度；坚持农场现行的福利制度。

（1）分场实行集体领导分工负责制，工厂、公司实行场长、经理负责制。

（2）按总场核定的如下指标承包：产量、产值或销售额（营业额），利润或限亏、上缴税利费和挂账户控制率。

（3）总场核定各承包单位企管人员的人数、全年岗位工资总额和行政经费开支限额。

（4）各承包单位企管人员个人的经济收入，直接联系总场核定单

---

① 《中共中央、国务院关于国营华侨农场经济体制改革的决定》，中国侨网（huttp://www.chianqw.com/node116/node1122/userobject6ai57752.html）。

位的各项承包指标，与单位的经济效益挂钩浮动分配，平时预发80%的岗位工资，年终视单位完成承包指标情况，发回、少发或不发20%留成责任工资；发放、少发或不发效益工资，以兑现奖罚。

3. 职工对分场承包

（1）种养工人按"七定"实行"分户包干、产品上交、联产计酬、以丰补歉、欠产赔罚"的以户为核算单位的家庭承包责任制。所谓"七定"：即定生产承包周期：柑桔15年，杂果20年，大田作物10年；定每劳承包面积：柑桔4.5—6亩，杂果10—20亩，大田作物（主要指水稻、甘蔗、花生）8亩；定亩包产指标；定亩成本；定产品产量：柑桔一级果5，二级果3，三级果1，次果1；定产值；定上交税费。

（2）柑桔、杂果承包户的计划成本，由分场贴息垫付，超成本自理。

（3）承包户的经济收入直接与承包效果挂钩，实行联产计酬的超产比例分配：按包干产值完成包产任务后，分品种分级别的超产销售收入70%—80%结算，冲减超成本或历年挂账（全部或部分）后，发六留四。留四部分作为树位以丰补歉基金，实行四年一小结和周期总结的制度。承包户欠产，按当年场定结算价计赔。大田作物承包户实行交够自己，全奖全罚。

（4）工贸企业工人实行按件（时）计酬或小集体承包计酬。

（5）生产队管理人员属分场派出工作人员，就全队承包户的承包效果对分场负责经济责任，其平时预发的80%的岗位工资，直接与全队工人完成管理工作的质量、数量和期限挂钩，浮动分配，其年终效益工资和20%留成工资，与全生产队的果品质量、超产产量及超产户百分比挂钩，浮动分配。

（6）家庭农场和东风生产队实行"自理成本，自主经营，自负盈亏"的15年合同承包，每年按合同规定完成定额上交和缴纳税收后，剩余全部归个人。

（7）外出承包和自谋职业人员，每劳年上交各项费用760—900

元，计算工龄，享受职工待遇。

（二）潼湖华侨农场 80 年代中期改革

就潼湖华侨农场而言，在党的十一届三中全会后经历了几年的观望、思考、摸索后，从 1984 年开始，进行以提高经济效益的各项改革。主要有三个方面：

一是在经营管理上全面实行大包干，推进各种形式的经济承包责任制，层层包，项项包，包到车间、班组（门市部）或个人。逐步建立"自主经营、自理费用、自负盈亏、自我发展"的"四自"职工家庭农场，改变以往"国家出钱，职工种田"的经营方式，打破"铁饭碗"，调动职工生产、经营的积极性。

二是进行管理机构和体制改革，简政放权。1985 年，将机关五股三室 57 人精简为 38 人，还将管区、生产队管理人员进行精简，将精简人员充实到经营单位；将供销股、劳资股、生产股等行政股室改为经济实体，把原来的三级核算改为二级核算；关于管理人员任免，各管区由场部任免，管区以下班组、生产队、门市部由管区任免，报场部备案；管理费用由场部在财务包干数中编制预算，在不突破预算的情况下，增减人员自行负责；场部下放生产经营权，对管区逐步缩小指令性计划，扩大指导性计划，除粮食、茶叶生产外，场部不作硬性规定，管区和承包户在保证完成粮食、茶叶任务和财务计划的前提下，可以根据市场安排生产和销售产品。经过简政放权，当年场部管理费用比 1984 年减少 13.77%。

三是进行产业结构调整，改变生产布局。至 1988 年，潼湖华侨农场在保证粮食自给有余的前提下，先后调整 3000 亩水稻面积发展水果生产；同时，积极发展茶叶、水产等产业，形成粮食、茶叶、水产、水果多种经营、共同发展的农业生产布局。经过产业结构调整，实现了稳产高产。1989 年，水稻面积 10318 亩，总产 2761.2 吨，比 1979 年减少 6279 亩，总产增加 952.95 吨；茶叶种植面积 925 亩，产量 409 吨，比 1979 年增加 742 亩，增产 374.45 吨。

第二节　杨村华侨柑桔场、潼湖华侨农场的转型过程

就华侨农场的转型过程而言，先后经历了20世纪90年代中期、21世纪之初的改革。20世纪90年代中期改革，是华侨农场转型的一个重要节点。经历了党的十一届三中全会以后的转型探索，华侨农场经济发展取得了一定成效。但是，90年代后，大多数华侨农场出现大面积亏损。"华侨农场的经济发展状况在改革开放以后到20世纪90年代以前，达到一个发展的小高峰，是农场建场以来最好的一段时间。然而进入20世纪90年代以后，由于商品经济竞争越来越激烈，加上农场自身经营管理与体制的问题，华侨农场的效益大不如前。"[1] 之所以如此，在于华侨农场转型不彻底，是关起门来搞改革，还没有彻底打破体制的束缚走向市场，还不能适应市场经济的需要。正是在此背景下，20世纪90年代中期，华侨农场经历了改革的深化。各地采取了推进华侨农场经济体制改革的措施，华侨农场的经济建设和社会发展取得了很大发展。进入21世纪后，由于历史及主客观原因，华侨农场经济仍比较困难。即以改革开放前沿的广东为例，2000年全省23个华侨农场中有22个出现不同程度的亏损，人年均纯收入2806元，比全省农民年均纯收入3630元低22个百分点，其中有12316户48317人的年均收入未达到广东省脱贫标准（年人均收入2000元），处于贫困状态。[2] 为此，国发〔2007〕6号文件明确提出，到2015年完成华侨农场的第三步改革。中央先后出台8个配套文件，在编制华侨农场改革和发展实施方案、侨场土地确权登记发证、完善社会保障工作、安排专项补助资金等方面作出明确规定。

---

[1] 张晶莹：《华侨农场社会化转型探析——以泉州双阳华侨农场为对象》，《华侨大学学报》2010年第3期。

[2] 《关于华侨农场扶贫情况的报告》，粤侨农〔2002〕6号。

第三章　杨村华侨柑桔场、潼湖华侨农场的社会化转型

一　90年代中期杨村华侨柑桔场、潼湖华侨农场改革

为了解决华侨农场发展中存在的问题，1995年12月，国务院办公厅转发《国务院侨办关于深化华侨农场经济体制改革的意见》（国办发〔1995〕61号）（以下简称《意见》）。《意见》涉及华侨农场领导体制改革、华侨农场社会化职能剥离问题、华侨农场职工社会保障问题、给予华侨农场必要支持、省（区）政府加强对华侨农场工作的领导等方面，是关于华侨农场改革和发展的重要指导性文件。杨村华侨柑桔场、潼湖华侨农场在《意见》的指导下，进行了系列改革。

（一）理顺管理体制，实行管理区模式

1988年以前，广东省各华侨农场属广东省华侨农场管理局领导，而广东省华侨农场管理局领导属国务院侨办和省政府双重领导，以省为主。1988年12月，广东省人民政府发文，将包括杨村、潼湖在内的22个华侨农场下放给所在市管理。①惠州市人民政府研究决定，同意杨村华侨柑桔场、潼湖华侨农场下放惠州市管理；杨村华侨柑桔场、潼湖华侨农场下放后，属惠州市人民政府领导，行政上归口市农委管理；农场的侨务工作由市侨办负责管理；公安、司法工作仍由当地县的对口部门负责管理；有关财务问题，由市财政局协调处理。农场仍属全民所有制企业，实行独立经营，自负盈亏。②

1988年，广东省确定华侨农场管理体制改革的改革方向：第一步，将省属华侨农场下放所在市进行管理；第二步，结合政权建设，将华侨农场设区建镇转制。其基本思路：在原有华侨农场管辖范围内，结合政权建设，设立具有一定行政管理和经济管理职能的管理区或镇，把农场机关作为小社会从企业中分离出来，原农场所属企业还

---

① 《关于华侨农场体制改革的通知》（粤府〔1988〕140号）。
② 《关于杨村、潼湖华侨农场下放市管理的通知》（惠府办〔1988〕62号）。

原为纯企业型建制,最终实现政企分开。① 1994 年 11 月,广东省政府印发《关于进一步做好华侨农场工作的通知》(粤府〔1994〕131号)。《通知》指出,华侨农场可改设管理区建制,但仍保留华侨农场牌子(两块牌子,一套人马),赋予一定的政府行政和经济职能。对于长期亏损、自然条件差、缺乏资源、经济基础薄弱、没有发展条件的华侨农场,可采取撤并的措施。② 1995 年 4 月,惠州市委批复:同意设立惠州市杨村、潼湖华侨经济管理区,作为市委、市政府的派出管理机构,赋予相当于县一级的行政、经济管理职能,享受县一级的政策待遇,但不作为独立的行政区和独立的政权单位。管理区与所在县(市)脱钩,其内设机构直接对惠州市有关部门衔接业务工作。保留杨村华侨柑桔场、潼湖华侨农场的牌子,实行两块牌子一套班子。③ 至此,杨村华侨柑桔场、潼湖华侨农场与惠州市关系得以理顺,两个侨场开始逐步融入当地社会。

(二) 经营体制改革

党的十一届三中全会以后,华侨农场对经营体制进行多次改革,普遍推行职工联产承包责任制,废除等级工资制,职工只保留档案工资,打破大锅饭,改农场一级经营为农场和职工双层经营,把职工的分散经营与农场的统一经营结合起来,适合华侨农场的生产发展水平,调动广大职工的生产积极性。

杨村华侨柑桔场进行多次经营体制改革。1983 年,杨村华侨柑桔场在原树位包工的基础上推行家庭联产承包责任制。1992 年,杨村华侨柑桔场又在此基础上推行以自理成本为中心的"四自"责任制。1995 年,杨村华侨柑桔场制定《果树产权转让与土地承包经营

---

① 广东省财政厅:《发挥财政职能作用促进华侨农场体制改革》,《农村财政与财务》1997 年第 11 期。
② 《关于进一步做好华侨农场工作的通知》(粤府〔1994〕131 号),法律教育网 (http://www.chinalawedu.com/news/1200/22598/22612/22764/2006/4pa0095227460020-0.htm)。
③ 惠州市委:《关于要求设立惠州市杨村、潼湖经济管理区请示的批复》(惠市委复〔1995〕5 号)。

方案》，实行把现有柑橘树全部折价转让给承包户经营、土地实行有偿长期给承包户使用的办法。

1990年，杨村华侨柑桔场印发《一九九〇年经济包干责任制》。其具体规定：总场实行场长责任制，分场实行集体领导、分工负责制，工厂、公司实行场长、经理负责制；总场根据"三兼顾"与"按劳分配"的原则，分别核定各承包单位、承包户的年度包干指标、上交基数及个人分配计提办法等。关于承包层级而言，主要包括分场、工厂、公司向总场的包干及家庭承包户向分场的包干等两个方面。一是分场、工厂、公司向总场的包干。包干办法主要包括：总场根据合理性和鼓励性原则，核定包干单位的制度计划产量、计划产值（营业额或销售额）、计划利润和上交指标；干部职工全面实行档案等级工资，个人的经济收入直接与本单位的生产、经营效果挂钩分配；柑桔、大田及其他种养业，全面实行联产计酬的家庭承包，工厂、公司试行"集资"或"全员抵押"承包经营责任制，集资与押金承担经营风险，参与单位的盈亏结算，个人实行按件计酬或实行门市（部门）承包计酬。二是家庭承包户向分场的包干，实行"分户包干、产品上交、联产计酬、以丰补歉"的生产经济责任制。

1992年，杨村华侨柑桔场印发《分场承包经营责任制（试行方案）》。该方案主要内容：承包的形式采取一定三年的"自主经营、定额上交、独立核算、自负盈亏"的承包经营责任；承包指标包括上缴费利税、偿还1991年以前欠款、贷款限额、计划生育、造林绿化、安全生产、社会治安综合治理等方面；此外，还对责、权、利、奖惩等方面进行详细规定。

同年，为了保证《分场承包经营责任制》和《家庭承包责任制》的全面贯彻落实，进一步强化企业管理，杨村华侨柑桔场印发《关于〈经营管理方案〉有关的具体规定》，对统一实施主要生产技术措施问题、现行劳保福利待遇问题、单位自有资金、包干结余和行政经费的使用问题、产品和物资管理问题、对有关人员的安排处理问题等方面进行具体规定。

杨村华侨柑桔场经营体制几经变革，经营状况有所改善，但效益不甚明显，甚至出现一些负面效应。主要问题在于，改革不彻底，没有触及问题的要害。具体表现在：一是柑树产权是国家的，承包者只有管理权，没有所有权，职工与农场是出租方与租赁方的关系。基于这种关系，职工没有把柑树当作自己的财产，谈不上爱护，更谈不上发展，严重束缚承包者的经营积极性。二是承包者的短期行为十分明显，有利可图就继续承包下去，无利可图就不再承包，承包队伍不稳定，果园树势明显下降。截至1995年8月底，约5000亩柑园处于失管、半失管状态。三是应上交的款项无法上交，严重影响农场资金的正常运转。自1983年实行联产承包责任制到1995年8月底，承包户累计挂账1980万元，奖励超产户的留成款520万元也无法兑现。四是离职退休人员不断增加，承包户应上交的无法如数上交，农场无法承担离退休费。截至1995年8月底，全场离职退休人员达到2300多人，年退休金支出600多万元，并以每年递增300人。在场办工业不景气，无法实现"以工补农"的情况下，完全靠柑桔收入来维持庞大的离职退休支出，基本上不可能。

1995年10月，杨村华侨柑桔场制订《果树产权转让与土地承包经营方案》。11月，该方案经惠州市人民政府体改办批复同意试行，并于1996年起全面实施。该方案要点：其一，柑树产权全面折价转让给承包户。折价原则为：在保证国有资产保值增值的前提下，按柑树的现值合理折价转让。折价的依据为：根据品种、树势、土地类级（含其他生产条件）的差异分别评定和核定。折价办法为：逐个树位评定系数和核定分数。其二，土地权归属国家，果树产权转让后，土地全面实行长期有偿承包。其三，接受果树产权转让和承包土地者，在交清产权转让款和应交综合统筹费及还清挂账的前提下，职工与合同制工人在达到法定退休年龄时，可按规定办理退休；在同一分场连续承包果树满10年以上的临时工，男性达到60周岁，女性达到50周岁，可按规定享受一定的养老待遇。

经过一年多的努力，全场大部分职工都拥护和接受新方案，签订土地承包与产权转让合同的承包户达90%以上，一次性付清价款或部分付清价款的承包户达70%以上。实践证明，果树产权转让与土地承包，使产权、管理权、经营权统一起来，职工真正当家作主，积极性充分调动起来，付清折价款的果园得到精心管理，职工舍得投入成本，果树长势喜人。1996年，杨村华侨柑桔场虽然遭到黄龙病的危害和秋季严重干旱的影响，柑桔总产仍然达到40万担。此外，承包户得到更多的实惠。以1996年为例，石坝分场柑桔产量9万多担，产值1000多万元，职工上缴各项税费200多万元，承包户直接获益700多万元，收入2万元以上的承包户达85%以上，收入4万元的就达18户；桔子分场六队，柑桔总产1.25万担，产值125万元，上缴各项税费17万元，职工收益100多万元。

（三）产业结构转型

1. 农业产业结构调整

杨村华侨柑桔场注重搞好布局规划，推广优良品种。1991年，柑桔完成扩种及更新改造新柑1600亩；种植面积3万亩，总产达到5.01万吨，对比1990年增产0.31万吨。大田水稻推广三二矮、珍桂矮、金凤矮等优良品种，种植面积达70%；水稻种植面积18577亩，总产5787吨，对比历史产量最高的1990年种植面积减少470亩，总产增加7.35吨。1994年，杨村华侨柑桔场提出，积极发展"三高"农业，切实维护柑桔的主业地位，逐步形成种养业的适度规模经营，是广大职工发家致富奔小康的可行之路。全场上下形成共识，按照市场需要栽种柑桔优良品种，不仅能解决温饱问题，而且能发家致富奔小康。桔子分场坚持以柑桔为主业的指导思想，狠抓柑桔生产经营，分场全年柑桔产量达8万担，树位平均收入7000元以上。石坝分场九队20户人家，积极种柑，产量达6500担，产值47万元，树位平均收入12000元，人均纯收入4000元。实践表明，只要以市场为导向，选好品种，发展养殖业的适度经营，实行种养结合，同样能发家致富。大坑分场四队叶锦洪夫妇，种柑、养猪、酿酒三业结合经营，全年纯收入4万元以上。石坝分场四队曾运安夫妇种柑、种稻、养鱼、养猪，四项纯收入在 5 万元以上。

潼湖华侨农场因地制宜，合理调整农业产业、产品结构及生产布局。1992 年，水稻种植面积 8260 亩，总产量 1982.4 吨，比上年增加 29.5 吨；荔枝挂果 230 亩，总产 35 吨，比上年增加 5 吨；因经济开发，柑桔面积比上年减少 291 亩，总产 300 吨，比上年减少 338 吨；茶叶因经济开发面积减少至 400 亩左右，全年茶青总产 237 吨，比上年减少 65.8 吨。此外，潼湖华侨农场还根据自身生产条件，大力发展淡水养殖，将淡水养殖作为农场四大生产项目之一。潼湖华侨农场地势低洼，河湖纵横，降水丰沛，天然水产资源丰富。为此，农场把地势低、易内涝的低洼地挖建成鱼塘，除养殖丰鲤、高背鲫等价高质优品种外，还引进潮汕、浙江等地淡水养殖个体户，进行大面积承包，采取养鸭养鱼相结合、循环养殖的方法。1992 年，鱼塘水面面积 2019 亩，达到历史最高，产量 241 吨，比上年增加 41 吨。

（四）工业结构调整

杨村华侨柑桔场、潼湖华侨农场适应市场经济形势，充分利用自身优势和条件，积极兴办企业。

杨村华侨柑桔场先后投资兴建塑料制品厂、烟花厂、纸箱厂、印刷厂、农药厂、塑料编织袋厂、矿泉水厂等一批中小型工业企业。截至 1990 年底，全场拥有工业厂房面积 1.7 万平方米，仓库面积 0.5 万平方米，固定资产 878 万元，生产工人 800 多人，专业技术人员 47 人，产值 1300 多万元，实现利税 100 多万元。此外，还在深圳市宝安、惠州以及场内建有标准工业厂房 8000 多平方米，长年租给外商或合资经营者使用。1995 年，把有限的资金主要用于搞好龙头工业——吉利水泥厂的设备配套，该厂成为惠州市道路建设工程水泥的最大供应户和省、市水泥散装办公室的立窑水泥散装试点厂。对原有工业则重点抓巩固提高，抓好企业内部管理和革新挖潜拓展销路，争取市场，盘活资金。到 1995 年底，全场拥有投产厂 14 家，就业人员达 2000 多人；全年完成总产值 8347 万元，比上年增加 2347 万元，增长率为 39%。

潼湖华侨农场充分利用各项优惠政策，抓住有利时机，大胆引进各类人才，合理调整产业、产品结构及生产布局，腾出土地发展工业。1992年，有工业企业13家，工业总产值598.8万元，比上年增加157.2万元，增长率35%。潼湖华侨农场建筑工程公司转换承包机制，调动积极性，变等接工程为主动找工程，完成产值340万元，比上年增长64%，盈利15万元。1995年，工业企业营业收入543115.10元，实现利润170024.31元。

（五）商业结构调整

杨村华侨柑桔场、潼湖华侨农场立足于市场经济，着力于内涵发展，提高经济效益。

1990年，杨村柑桔场商业服务人员发展到151人，自有流动资金增加到40万元，固定资产200多万元，年营业额800多万元，利润21万元，上缴税金10万元，年终库存商品130万元。1992年，商贸营业额达到5000万元，实现利润450万元。一年一度最大宗的柑桔销售，一改以往主要依靠贸易部经销的做法，充分发挥各经营公司和分场的积极性，让生产者直接面对激烈竞争的市场。这有利于促进职工从单纯生产型向生产经营型的观念转变；同时，各分场开始注重抓管理，提高果品质量，关心市场信息，搞好销售服务。1994年起，实行层层分解承包，对部分单位分别采取出租、转让、拍卖、股份制等形式搞活经营；全年商贸营业额4500万元，个体商贸专业户达500多户。1997年，全场个体商贸专业户达到600户，既繁荣了市场，又方便了职工群众的生活。

潼湖华侨农场内引外联，重点向工业和第三产业倾斜，"贸工农"格局初步形成。1990年，成立惠州市潼湖华侨农场实业总公司供销公司，经营范围包括化肥、农药、钢材、油料、旅业、商场等。到90年代中期，下设煤气站、加油站、酒店、商场等4个门市部。1992年，积极筹集资金开办酒楼旅业，增加网店；同时，积极引导归侨职工自办商场，鼓励个体商业发展，全场有个体户239户。至此，潼湖华侨农场商品集散地已初具规模。1995年，全民所有制、集体所有制公司、门市部 50 家、私营企业 20 家、个体工商户 322 户。随着经济的发展，人民生活水平的提高，特别是外来人口的增加，推动了集市贸易的发展。1995 年 10 月 1 日，侨场投资 1000 万元、占地面积 7000 平方米的潼湖华侨农场综合贸易市场建成并投入使用，包括 70 套固定铺位和 300 个临时档位。该市场启用后，每天交易时间从 6 时到 20 时，上市人流量达 4000—4500 人次，销售猪肉 1600—1750 公斤，每逢重大节日销售量达到 2100—2250 公斤。1998 年，经全面整治改造后的综合贸易市场铺设水泥路面、排污涵管，改装灯光照明，增加 39 个档位。

表 3-1　　1993—1998 年潼湖华侨农场集市贸易成交情况表

年份	成交额（万元）	备注
1993	588	
1994	960	
1995	990	平均每年增长 28.47%
1996	1100	
1997	1500	
1998	1800	

（六）引进外资（侨资）、内资企业投资创业

杨村华侨柑桔场、潼湖华侨农场善于打侨牌；同时利用毗邻港澳的优势，大力发展外经企业，引进外资（侨资）、内资投资兴业。

1994 年 3 月至 1997 年 3 月，杨村华侨柑桔场先后引进"三资""三来一补"及内联企业 8 个，利用外来资金 1688 万元。外引内联，对推动杨村华侨柑桔场经济建设、解决劳动力就业、带动第三产业发展发挥重要作用，取得较好的经济和社会效益。1995 年，东鹰玩具厂建成投产。1996 年，杨村华侨柑桔场成立经贸办，专门负责招商引资工作。1997 年，引进外资企业 2 家，投资金额 650 万元；正在洽谈的投资项目2宗，正式签订合同1宗。此外，东鹰玩具厂投入500万元进行大规模扩建，增加4条生产线，工人增至700多人；一度迁往广州的高辉玩具厂，又从广州重新迁回。这些都说明，杨村华侨柑桔场在招商引资方面的努力得到了广大投资者的肯定，增强了他们的投资信心。

潼湖华侨农场不断改善投资环境，吸引前来投资办实业的外资（侨资）、内资企业逐渐增多。到1991年底，外资企业11家，直接利用外资1100多万港元，1992年，前来投资的外资（侨资）、内资企业主要有：香港联发行（国际）市务发展有限公司，计划投资人民币5亿元兴建工业城及高级别墅、娱乐设施等；深圳德中微晶材料联合有限公司，计划投资人民币3000多万元兴建"潼湖山庄"；惠州市大通工贸公司与港商联合，计划投资人民币2000多万元兴建电子厂；惠州市医药总公司计划投资3500万元兴建医药城。至1997年，有外资企业30家。

（七）养老保险改革

长期以来，华侨农场职工由于国家统包而没有后顾之忧。他们"和其他国有企业的职工并无二致，费用上也是全部由国家财政预算提供，个人不需缴纳任何费用"[①]。在这种养老模式下，为数众多的离退休人员给国家和华侨农场造成沉重的社会性负担。据统计，全国华侨农场离退休金支出1985年为2479万元，1995年为1.605亿元，1999年达到2.5795亿元。[②] 为此，华侨农场开始启动养老保险制度改革。1991年，国务院下发《关于企业职工养老保险改革的决定》，明确规定，企业职工养老保险实行社会统筹，企业和职工个人都要缴纳养老保险。1993年，党的十四届三中全会提出，要逐步建立"社会统筹与个人账户相结合"的社会保障体系。1997年7月，国务院下发《关于建立统一的企业职工养老保险制度的决定》，明确规定我国城镇基本养

---

① 张赛群：《福建省华侨农场养老保险改革评析》，《社会保障研究》2013年第3期。
② 国务院侨办侨务干部学校：《侨务工作概论》，中国致公出版社2006年版，第190页。

老保险制度。华侨农场在转型过程中，由于包袱沉重，加之我国社会保障制度起步晚、难度大、基础差，华侨农场职工社会保障问题只有得到中央和地方财政的大力扶持才能得到解决。① 1998 年 4 月，广东省侨办与省社保局联合发文，要求将 15 个贫困华侨农场职工养老保险统一纳入地方统筹。同年，广东省侨办与省社保局、省财政厅联合下文，将省财政一次性安排的 4000 万元专项资金下拨到有关市，作为帮助贫困华侨农场职工养老保险纳入地方统筹的启动资金。② 正是在这一背景下，杨村华侨柑桔场、潼湖华侨农场启动养老保险改革。

杨村华侨柑桔场和潼湖华侨农场划归惠州市管理后，职工社会养老保险未纳入惠州市直单位社会养老保险的统筹范围。就职工社会养老保险问题，1993 年 8 月，惠州市社保部门考虑到两个华侨农场离退休人员多，费用较大，规定按侨场按职工工资总额和离退休费总额 23% 的比例计征（市直其他单位一般按 12% 的比例计征）。此时，侨场经济困难，已经不堪重负，连在职干部职工的工资和离退休人员的离退休费都不能正常发放。1999 年，杨村华侨柑桔场机关干部职工的工资只能按 50% 发放，潼湖华侨农场机关则从 10 月起已有 4 个月未发工资。至 1999 年底，杨村华侨柑桔场离退休人员 3351 人，内部退养和养老人员 510 人，全年应支付离退休费用 700 多万元。从 1998 年至 1999 年 11 月，拖欠离退休人员退休费及各项生活补贴 500 多万元。潼湖华侨农场退休人员 833 人，内退人员 42 人，每年应支付退休费用 208 万元，内退费用 39736 元。截至 1999 年底，拖欠退休和内退人员退休费 2 个月。由于杨村华侨柑桔场和潼湖华侨农场无法按 23% 的比例缴费，养老保险只能采取自行管理。经初步测算，从 1994 年至 1999 年底，杨村华侨农场拖欠社保金共 2498 万元（未包括滞纳金），潼湖华侨农场拖欠社保金 403.8 万元。惠州市侨务部门考虑到，根据杨村华侨柑桔场和潼湖华侨农场的经济情况，仅靠自身

---

① 董中原主编：《中国华侨史》（1），中国社会科学出版社 2017 年版，第 290 页。
② 刘凌、乔河：《关于侨场——〈关于扶持贫困华侨农场经济发展议案〉跟踪》，《人民之声》2002 年第 9 期。

第三章　杨村华侨柑桔场、潼湖华侨农场的社会化转型

的力量根本无法解决；并建议，安排适度的养老保险金作为离退休人员的过渡保障基金，将两个侨场的养老保险金纳入全市的社保范围。①

（八）华侨农场社会化职能的转移

华侨农场作为国有企业，不仅具有生产职能，而且带有社会管理职能。由于历史的原因，这种"企业办社会"造成华侨农场社会性、政策性负担十分沉重。其弊端主要表现在：一是农场既要作为企业组织生产、依法纳税，同时又要像地方政府一样，承担场内基础设施建设和兴办各项社会事业的责任；二是农场一方面要发展生产，另一方面要由税后利润解决农场的社会性、政策性经费开支，经济负担沉重；三是农场有办社会的义务，却没有相应的政府权力，难以履行全面的管理职能。②为此，从中央到地方层层推进，剥离华侨农场的社会职能。1995年，国务院办公厅印发《关于深化华侨农场经济体制改革的意见》。《意见》指出，华侨农场交由所在地方政府领导后，要将现有农场管理的教育、卫生、政法等方面的社会事务，交给当地政府职能部门管理。1996年3月，广东省人民政府办公厅在转发《国务院办公厅转发〈关于我省华侨农场领导体制改革意见〉的通知》（粤府办〔1996〕25号）中强调，"要坚定不移地把华侨农场纳入地方统一领导和管理。华侨农场是地方的有机组成部分，其教育、卫生、政法等各方面工作，市政府要纳入地方统一规划，加强领导和管理，拨给经费，享受地方同等待遇。华侨农场职工的养老、工伤、失业、医疗、生育等项社会保险工作纳入社会统一管理；华侨农场要积极创造条件，参加当地的社会保障制度的改革。"③

杨村华侨柑桔场和潼湖华侨农场划归惠州市领导和管理后，教

---

①　惠州市侨务办公室：《关于要求尽快理顺华侨农场体制的报告》（惠市侨字〔2001〕3号）。

②　广东省财政厅：《发挥财政职能作用促进华侨农场体制改革》，《农场财政与财务》1997年第11期。

③　《广东省人民政府办公厅转发〈国务院办公厅转发国务院侨务办公室关于深化华侨农场经济体制改革意见的通知〉的通知》（粤府办〔1996〕25号），广东省人民政府网站（http://zwgk.gd.gov.cn/006940212/t20110314_13232.html）。

育、卫生、政法等各方面的工作与地方政府各有关部门相衔接，改变了华侨农场长期形成的封闭体制，与地方社会和经济发展融为一体，也使得两个华侨农场获得了更好的深化改革、发展生产的外部环境。

1. 教育方面

惠州市教育部门把华侨农场纳入惠州市统一管理范围，在师资配备、招生指标安排等方面把农场当作一个县（区）来看待；在省教育部门争取一个经费分配的户口，使省教育部门在安排补助经费时把华侨农场当作一个独立的单位予以考虑（以往省教育部门对这类企业办学是不予经费补助的）。此外，市财政有经费补助，市教育部门也一视同仁，给予安排。

2. 医疗卫生方面

从1994年开始，惠州市卫生部门对杨村华侨农场医院进行业务管理，对医院的基本情况曾派出专门人员进行调查研究，并对医院进行规划和定位。到1998年，杨村华侨农场医院按照二级医院的设置进行建设，被评为二级乙等医院。

3. 社会保险方面

惠州市社保部门提出，先由杨村华侨柑桔场、潼湖华侨农场根据自身的实际情况制定出具体实施意见，在侨场范围内实行社会保险，待社会保险实行全省统筹后再逐步过渡，参加省级社会保险统筹。也就是说，按照低进低出、低标准、广覆盖的原则先自行统筹，然后逐步过渡的办法解决两个侨场的社会保险问题。

4. 财政体制方面

由于经济困难，杨村华侨农场、潼湖华侨农场纳入地方统一规划相对滞后。1997年12月18日，为了进一步理顺杨村经济管理区、潼湖经济管理区财政体制关系，惠州市市长李鸿忠主持召开市政府常务会议，专门解决这一问题。惠府纪〔1998〕3号文中关于杨村经济管理区、潼湖经济管理区财政体制问题处理上决定：杨村经济管理区财政体制继续由所在县（市）代管，杨村经济管理区所有税务收入仍缴入县级财政，作为所在县（市）本级收入，由所在县（市）按现行财税体制负责上缴中央和省部分,其余部分与杨村经济管理区4:6分成,即四成归所在县(市)财政,六成返还给管理区使用,并要求市财政局加强该项工作的监督检查,负责督促落实杨村经济管理区与所在县(市)的财政关系问题。

5. 城建管理方面

惠州市建设委员会发文,要求杨村经济管理区、潼湖经济管理区有关城乡规划建设管理等业务工作直接与惠州市建设委员会衔接:一是关于规划、环保管理职能,同意两个管理区负责区内总体规划及道路、管线、公益公建、绿化等方面的专项规划方案的编制和实施管理,业务上接受惠州市规划局和惠州市环保局的检查指导,所编制的规划方案必须分别同博罗县杨村镇和惠阳市陈江镇总体规划相衔接,并按法定程序报惠州市政府和市规划局、市环保局审批或备案。二是关于建设工程管理职能,同意两个管理区在辖区内的建设项目可自行组织施工报建和现场施工管理。但有的业务必须要与惠州市建设委员会有关职能部门密切协调,做到有分有合,齐抓共管。三是关于建设工程质量监督职能,两个管理区辖区内不设建设工程质量监督站。杨村经济管理区、潼湖经济管理区建设工程质量监督工作由市建设工程质量监督站派出人员在辖区内设立分站负责,分站隶属惠州市建设工程质量监督站,办公、生活场所由两个管理区协助解决。四是关于建设工程的预结算和造价管理职能,两个管理区城建办可以在辖区内开展建设工程预决算编制、审查工作,但结算审定权归惠州市建设工程造价管理站。五是关于城建监察职能,两个管理区可以设城建监察中队,负责辖区内的城建管理监察工作,业务上接受惠州市城建监察大队的指导。①

6. 劳动人事方面

从1995年9月18日开始,杨村华侨柑桔场、潼湖华侨农场根据

---

① 惠州市建设委员会:《关于杨村、潼湖经济管理区城建管理职能的批复》(惠市建字〔1997〕96号)。

惠州市人民政府惠府〔1955〕44号文《惠州市关于实行全员劳动合同制若干规定》的通知，华侨农场实行全员劳动合同制，确定以合同形式的劳动关系，保障用人单位和职工双方的合法权益，调动广大职工的积极性，提高华侨农场的经济效益。在招工、招干、招生、干部管理、工资调整、职称评定等方面，惠州市政府有关部门与两个华侨农场的关系已经衔接，各种关系正在初步理顺。通常情况下，都是给两个华侨农场单列计划，改变过去省管时将计划一揽子下达给县里的做法，有利于华侨农场的发展。

二 21世纪杨村华侨柑桔场、潼湖华侨农场改革

进入21世纪后，华侨农场面临着新的机遇与挑战。20世纪80年代以来，国家经济社会有较大的发展，但由于种种原因，华侨农场的发展整体上滞后了。与外部比较言，华侨农场职工的收入与周边地区拉开了差距。2001年，华侨农场所在7省区的当地人均年收入3421元，而华侨农场的人均收入仅为2173元。[①] 与内部比较而言，华侨农场发展还不平衡。2001年，全国华侨农场职工年人均收入最高的省份是广东，为7493元，最低的广西仅为3531元。就广东省不同地区而言，也存在不平衡，较低的为粤北地区，其中消雪岭华侨茶场2006年职工劳平年收入仅为6600元[②]；而华侨农场职工年人均收入较高的为珠三角地区，其中深圳光明华侨畜牧场早在2000年就高达2.38万元[③]。大部分华侨农场长期亏损，负债沉重，相当部分归侨的生活还比较困难，部分华侨农场存在土地被侵占的问题，影响归难侨的生产和生活。随着全国范围内改革力度的加大和市场经济主体地位的确立，华侨农场为了解决自身存在的突出问题，赶上时代发展步伐，必须努力探索发展路径，加快改革进度。在此大背景下，杨村华

---

① 国务院侨办国内司统计数据，内部资料。
② 韶关市消雪岭华侨农场：《加强华侨农场改革提高归难侨生活水平的情况汇报》，2007年9月5日。
③ 参见董中原主编《中国华侨史》（1），中国社会科学出版社2017年版，第519页。

侨柑桔场和潼湖华侨农场撤区设镇,开始城镇化管理体制模式;理顺财政管理体制,完全纳入地方财政管理;分离办社会职能,教育、卫生、公安等社会职能部门整体移交上一级政府,纳入业务主管部门统筹管理;转换经营机制,确立工业化、城镇化的发展道路。

(一)杨村华侨柑桔场、潼湖华侨农场综合改革

1. 杨村华侨柑桔场基本情况

杨村华侨柑桔场辖地面积89平方千米,可耕地面积6万亩,其中水田0.825万亩,旱地1.5万亩,柑园地3万亩,其他果园地0.675万亩,山林地4.8万亩。常住人口31091人,其中归难侨及其子女7175人,并队人口6230人,在册职工5169人,离退休、退职人员3861人。行政科室23个,居委会2个,事业单位4个,分场12个,公司11个,工厂(含股份制工厂和民营小型加工厂)19个,公安分局1个,派出所1个,法庭1个,卫生防疫站1个,医院1家,医务所14个,完全中学1所,小学11所,幼儿园1所。1999年社会总产值1.55亿元,劳平收入3805元,人平收入1750元。全年应发工资总额1475万元,其中离退休、退职人员890万元。

杨村柑桔场成立于1951年。1988年,下放惠州市。1995年4月,经惠州市委市政府批准,设立经济管理区,保留"广东省杨村华侨柑桔场"的牌子,实行两块牌子,一套班子。该场建制为正县(处)级单位。截至2001年5月,在职干部974人,其中处级11人,科级88人;离休干部28人,其中厅级3人,处级12人,科级13人。

杨村华侨柑桔场职工养老保险没有妥善解决。由于经济陷入困境,杨村华侨柑桔场无力承担缴费比例(惠州市社保局以侨场离退休人员负担过重,要求侨场按在职职工工资总额和离退休费总额的23%计征;而市直单位统一按12%计征)。截至2001年底,侨场还没有纳入惠州市社会养老保险统筹。管理人员工资、离退休人员生活费无法按时足额发放。截至2001年10月底,拖欠管理人员工资542万元,拖欠退休人员生活费1372万元,拖欠退职人员生活费11万元。

根据惠州市财政局《两户华侨农场撤区建镇后市财政补贴测算说明》,以1998年至2000年的平均数测算,杨村华侨柑桔场财政供养人数594人,其中行政118人,事业单位455人,其他人员21人。供养人数中未包括离退休人员。总收入1498万元,包括各项税收收入139万元,其他各项收入(包括承包、城建、事业、其他收入),上级拨入经费236万元(省拨入专项经费)。总支出1656万元,其中政法经费65万元,中小学经费550万元,医院经费361万元,管理费用361万元,借款利息231万元,其他支出199万元。从测算情况来看,3年平均数收不抵支158万元。①

截至2001年底,杨村华侨柑桔场有越南归难侨1632户7175人。建场以来,场部设有侨办、侨联办公室,为正科级建制。有干部3人,履行相当于县级侨办、侨联的工作职责,业务上归惠州市侨办、侨联指导,独立开展工作。

2. 潼湖华侨农场基本情况

潼湖华侨农场辖地面积25平方千米,总耕地面积4495亩,其中水稻面积1250亩,菜地1000亩,鱼塘2250亩,茶园350亩,全场国有、集体企业56家,外资企业34家,私营企业53家,个体工商户300家。全场总人口9864人,外来人口近2万人,归、难侨及其子女4076人,并场队3088人,在职干部职工1500人,离退休、退养人员832人。行政科室29个,居委会4个,村民委员会3个,公司1个,派出所1个,事业单位11个,卫生防疫站1个,医院1家,完全中学1所,小学7所,幼儿园1所。1999年,社会总产值4.11亿元,劳平收入6120元,人平收入3564元,全场年发工资总额670万元,其中离退休、退养人员工资总额219万元。

1966年,潼湖华侨农场经国务院批准成立,属省管企业。1988年,下放给惠州市管理。1995年,成立华侨经济管理区,实行农场、

---

① 惠州市农业委员会:《关于杨村、潼湖华侨农场改制的意见》(惠市农委〔2001〕22号)。

第三章 杨村华侨柑桔场、潼湖华侨农场的社会化转型

管理区两个牌子,一套班子领导。该场建制为副县(处)级单位,干部职工人数1501人,其中干部235人,职工1266人。有副处级领导干部2人;正科级干部6人;副科级干部33人。

由于该场是副县(处)级建制的自负盈亏国有企业,1986年1月至1994年7月,社会保险由该场自行包干,自筹自发。1994年7月,参加惠州市社会保险。后因该场经济困难,无法按《广东省职工养老保险暂行规定》执行而终止。离退休人员工资由侨场负责发放,不足部分向外筹借。

截至2000年底,该场财政供养人数2357人(不含惠州市教育局转拨经费教师152人),其中行政人员118人,事业单位人员303人,离退休864人,场部职工1072人。2000年,财政收入179万元,其中工商税收167万元,农业税及特产税12万元。以在职421人(其中行政人员118人、事业单位303人)计算,按每人每年2万元,共需经费842万元,收不抵支663万元。

该场有归难侨1322户5097人,其中归侨699人,难侨3287人,侨眷1111人。这些人员分别于1967年至1979年从东南亚14个国家回国定居。建场以来,场部设有侨办、侨联办公室,为正科级建制。有干部3人,履行相当于县级侨办、侨联的工作职责,业务上归惠州市侨办、侨联指导,独立开展工作。

(二)杨村华侨柑桔场、潼湖华侨农场撤区设镇前存在的主要问题和困难

2003年,杨村华侨柑桔场和潼湖华侨农场撤区设镇。这是杨村华侨柑桔场和潼湖华侨农场发展历程中一个重要节点。在撤区设镇前的21世纪初,两个华侨农场的发展取得一定成绩,但也存在不少困难与问题,主要包括政策性、社会性负担沉重、职工养老保险尚未纳入地方统筹、土地被侵占、金融债务问题等方面。

1. 政策性、社会性负担沉重

杨村华侨柑桔场和潼湖华侨农场虽然早在1988年划归地方,并于1995年设立经济管理区,但是财政管理体制还没有理顺。由企业

负担政府的职能开支，不堪重负，经济极端困难，归难侨的生活陷入困境。两个华侨农场有中小学22所，教职工747人，在校学生7397人；医院及卫生所18家，医务人员293人；公安派出所2个，公安干警71人。全年用于公安干警、教职工、医护人员人头经费的支出就达到1214万元。就潼湖华侨农场而言，截至2002年3月底，场部干部近百人及退职退休干部职工900多人，已被拖欠工资7个月。潼湖华侨农场承担很多政府的职能，政策性、社会性负担沉重。潼湖华侨农场有公安派出所1个，共29人，其中干警22人，保安7人，每月工资3.2万元；办公费、办案经费等每月2万元。全部开支需要65万元左右。此外，有中学1所，小学7所，场办教师25人，其中中学教师25人（含退休8人），小学教师35人（含退休6人），每月工资8.4万元，全年100.8万元；在职中小学教师46人每月养老、工伤、医疗、失业等4项保险共5465元，全年共65580元；教师工资和保险2项合计每年共107.4万元。因此，仅公安经费、教育经费两项，每年要支出172.4万元。

2. 经营连年亏损，债务累累

杨村华侨柑桔场曾是亚洲最大的柑桔场，长期以来以柑桔种植为主导产业。1993年以后，由于黄龙病的严重危害和柑树周期更新等因素影响，该场柑桔生产连年滑坡，面积和产量逐年下降。1999年，又遭受历史罕见的霜冻，柑桔冻死5875亩，冻伤3845亩。2000年底，种植面积由原来的3万亩锐减至6700亩，产量由100万担减至14万担。此外，还有5000亩甘蔗和蔬菜被冻死、冻伤，直接经济损失超过2000万元。场属工业设备简陋，机械残旧，产品档次低，缺乏市场竞争力；公司因无资金投入，不能正常经营，各种费用无法缴纳。此外，杨村华侨柑桔场在发展工业上决策失误。1992年，筹集资金8000万元建设的水泥厂，连年亏损，使侨场债台高筑，被追讨债务的事时有发生，局面难以收拾。1996年以来，连年亏损：1996年，亏损1286万元；1997年，亏损1239万元；1998年，亏损1761万元；1999年，亏损1461万元。截至2000年底，全场亏损额达9957万元。

潼湖华侨农场企业规模小，职工多，效益差。长期以来，侨场企业基础差，底子薄，主要以小规模经营为主，效益不佳。侨场虽有项目，但因缺乏资金，难成气候。

由于经营性、政策性亏损，杨村华侨柑桔场、潼湖华侨农场背上沉重的债务负担。截至2000年5月底，全场拖欠职工工资913万元；欠债12476万元，其中银行贷款5309万元，外单位及私人借款1735万元，欠职工集资款1662万元，应付未付利息3770万元。截至2001年10月底，债务总额达1.37亿元。就潼湖华侨农场而言，至2000年5月底，负债累计达5300万元，其中银行贷款1300万元，集资款800万元，工程款2000万元，并场队土地款1200万元。截至2001年底，全场欠银行、信用社贷款1659万元；欠集资款及外单位借款1565万元、利息1596万元；欠工程款1128万元、利息564万元；欠村民征地款2351万元；历年超亏挂账2321万元。

3. 侨场经济不景气，干部职工生活困难

2000年，杨村华侨柑桔场、潼湖华侨农场生产上不去，经济滑坡，负债沉重，在职、退休干部职工工资无法按时足额发放。就杨村华侨柑桔场而言，场部机关在职干部和离退休干部每月只能发50%的工资。月工资高的干部，可领到600元左右；工资低的，只能领到300元左右；退休职工发放30%的工资，人均实发只有40元左右。朝田、大坑、风门、桔子、小坑等5个分场，已经两年发不出工资。侨场职工的生活水平远远低于当地农民生活水平。根据调查，1999年，杨村华侨柑桔场职工人均收入1750元，杨村镇人均收入2995元，相差1245元。就潼湖华侨农场而言，工资发放情况比杨村华侨柑桔场略微好一点。由于潼湖农场在1999年出售一块土地，侨场工资得以按时发放到2000年3月。从2000年4月开始，潼湖华侨农场已经三个月无法发出工资，拖欠干部职工工资共125万元。

由于经济状况恶化，杨村华侨柑桔场、潼湖华侨农场大部分归难侨生活十分困难。截至2000年6月底，两个侨场归难侨仍有不少特困户，其中杨村华侨农场有450户，潼湖华侨农场245户。由于经济困难，两个侨场的大部分归难侨仍居住在六七十年代的砖瓦结构的危房中，甚至三代人挤在一起。据统计资料，截至2001年底，杨村华侨柑桔场未达到所在地博罗县最低生活保障线（180/月）的贫困职工1808户6439人，占全场总人口的20.7%，甚至有的分场职工年均收入仅有641元，人均年收入仅有305元。归侨侨眷的生活水平严重下滑，返贫现象十分严重。根据杨村华侨柑桔场侨务科2001年5月的调查，全场80%的归侨侨眷家庭年人均收入低于2000元，比周边农民少1497元，其中年均收入低于1000元的贫困户超过300户，占归侨侨眷的五分之一。归侨侨眷的生活条件自入场以来变化不大，75%的归侨侨眷住在当年接侨时兴建的低矮瓦房里，危房面积达12785平方米。大部分归侨侨眷饮水卫生问题都没有得到妥善解决，归难侨子女就业困难。部分归难侨家庭经济特别困难，有的靠国内外亲友寄钱维持生活，有的甚至子女无法继续上学。从2000年开始，全场失学的中小学生共50人，侨场给予补助300元后能继续上学的有13人，还有37人即便在给予补助的情况下仍无法上学。

4. 华侨农场土地被侵占，土地被侵权的现象比较普遍

20世纪60至90年代，杨村华侨柑桔场、潼湖华侨农场存在土地权属争议。21世纪之初，土地权属争议更多，由此引发更多的土地侵权现象。究其原因，是多方面的，"如由于农场土地没有确权核发土地使用证，权属不清，周边农场集体及农民个人强词夺理侵占农场土地时，得不到法律保护；农场土地划界不清，有的农场土地定界时，以路口、树木、石头为标志物，随着时间推移，原定的标物发生变迁，导致地界争议；土地手续不全，有些农村并场时，因划地协议上村代表不签名而导致；部分农场所在地政府重视不够，处理不力，助长挤占行为"[①]。华侨农场土地矛盾引发纠纷乃至械斗，一定程度上造成华侨农场的财产损失甚至人员伤亡，不仅破坏社会的安定团结，而且影响华侨农场的发展，还直接影响土地确权登记发证工作。

---

① 董中原主编：《中国华侨史》（1），中国社会科学出版社2017年版，第318—319页。

第三章 杨村华侨柑桔场、潼湖华侨农场的社会化转型

就杨村华侨柑桔场而言，在地方党委、政府的大力支持下，与邻近乡镇大力合作，开展土地资料详查，土地界线大部分已经核定或明确权属。但是，仍然存在部分分界线的土地争议问题。土地争议主要有：其一，十二岭分场与杨村镇宝谭管理区的边界土地争议；其二，十二岭分场与泰美镇罗村管理区的土地争议；其三，风门岭分场与杨村镇塘角、大岭下管理区的土地争议；其四，坪塘分场与杨村镇新井管理区的土地争议；其五，塔东分场与观音阁彭南管理区的土地争议；其六，小坑分场与麻陂镇彻头管理区的土地争议；其七，桔子分场与公庄镇溪口管理区的土地争议。

就潼湖华侨农场而言，自从1988土地详查、1992年土地开发利用以来，与潼湖军垦部队的土地争议经双发协商，已经得到妥善解决。截至2000年8月底，潼湖华侨农场与陈江镇周边乡村还有几宗土地争议尚待解决：其一，二区七队牛栏南面小山岗与陈江镇东升村林尧里（生产队）的土地争议，面积约30亩（山地）；其二，茶厂东面大山塘与陈江镇观田村连塘（生产队）土地争议，面积约20亩（山塘）；其三，一区农一队仓库小山丘与陈江镇观田村土地争议，面积约30亩（山地）；其四，一区农一队西南面水沟边，与陈江镇观田村土地争议，约20亩耕地；其五，三区八队与陈江镇东升村前岑（生产队）土地争议，面积约30亩山地；其六，三区九队与陈江镇东升村黄屋（生产队）土地争议，面积约2亩荒地。以上几宗争议土地，从1966年划入后由潼湖华侨农场使用和管理。关于其争议的原因主要有三点：其一，建场时边界没有明显标界；其二，土地管理体制变革，从原来的划拨、无偿、长期使用变为可流转、有偿、有期限使用，土地作为资源的价值进一步凸显；其三，农场用地单位对土地管理不善。

5. 职工生活困难引发群体性事件

杨村华侨柑桔场、潼湖华侨农场经济恶化，职工生活贫困，历史遗留问题多而无法解决，加之改革过程中对部分侨场职工的诉求关注不够，从而引发集体上访乃至集体罢工、游行示威事件。因此，如不

妥善处理，势必影响社会的安定团结和华侨农场的发展，造成不良的后果。

杨村华侨柑桔场干部职工、离退休人员多次上访。2001年3月，776户归难侨联名要求到省、市政府和侨务部门上访，反响很大。后来，经多方工作，得以平息下来。

2000年6月1日上午，潼湖华侨农场发生一起工人集体罢工、上街游行示威事件。美星针织厂约300名工人因劳动时间过长、工资过低等原因，在场部所在地菠萝山街道游行请愿。菠萝山派出所接到报警后，立即将情况向农场党委汇报，并迅速组织警力维持秩序，疏导交通，劝导工人。惠州市领导、市劳动局、市公安局的相关领导赶到现场调解。到中午12时，游行工人返回工厂。

2003年3月17日，潼湖华侨农场红光居委会（原华侨农场三区）刘庆安等人纠集35名职工到惠州市政府上访，要求追索1993年至2002年12月的补助金，同时要求解决青年就业问题。潼湖华侨农场红光居委会（原华侨农场三区）拥有土地1450亩，原有越南归侨及下放知青140多人。该场于1992年实行家庭承包责任制，每个职工均分田地耕种。后大部分职工认为农业种植辛苦，收入少，致使大多数农田抛荒。潼湖华侨农场场部及第三管理区（现红光居委会）在征得职工同意后将土地统筹承包给香港华记菜场老板种植蔬菜。该菜场于1997年倒闭。1997年底，第三管理区将土地承包给锦隆公司种植蔬菜。半年后，锦隆公司放弃承包。1998年底，红光居委会将土地承包给永成公司和祥利公司种植蔬菜，年承包金45万元，上交场部18万元，余下部分由居委会支配。1993年至2002年，第三管理区（红光居委会）未给职工发放过补助金。在这种情况下，140多名归侨职工自谋职业，有的用摩托车载客，有的下河摸鱼摸虾维持生活。他们多次到有关部门反映情况，要求解决生活困难的问题。2003年春节前，潼湖华侨农场党委和红光居委会决定，给每位职工发放200元春节补助；自2003年3月起，给每个职工每人每月90元的补助。对此，大多数归侨职工表示不满。越南归侨职工刘庆安等集体上访，表达他们的诉求。近一个星期，刘庆安等人组织红光居委会工作人员进行围堵，妨碍管理区的日常工作。为此，惠州市委市政府及时派人进行处置，责成惠州市有关部门协助潼湖华侨农场做好维稳工作，尽最大努力解决职工的实际困难。

6. 职工养老保险纳入地方统筹还存在不少问题

1988年至1994年6月，惠州市社保局提出杨村华侨柑桔场、潼湖华侨农场是企业，职工养老保险采取由两个侨场包干统筹的办法。1994年7月1日起，惠州市社保局根据《广东省职工社会养老保险暂行规定》（粤府〔1993〕83号）的精神，把两个侨场职工的社保问题纳入市直单位保险范围。但在具体实施过程中存在很大困难，两个侨场离退休人员的比例大，离退休费用和各项补贴费用较大，规定两个侨场按在职职工工资总额和离退休费总额的23%计征（惠府〔1994〕5号文规定市直单位按12%计征）。由于无法承担23%计征比例的缴费，杨村华侨柑桔场、潼湖华侨农场没有进入惠州市社保的范围。1995年，两个侨场设立经济管理区成立后，惠州市社保局将其社保问题作为县（区）级单位由侨场自行统筹安排解决。两个侨场由于经济困难，统筹一直未能落实。随着两个侨场离退休人员不断增加，经济越来越困难，养老包袱越来越重，养老保险问题越来越棘手，已经成为阻碍两个华侨农场经济发展和社会稳定的一个重要因素，必须认真加以解决。

就杨村华侨柑桔场而言，1999年底有离退休人员3351人，按退休人员工资152.10计算，全年离退休工资总额611.6万元。根据测算，缴费比例达到38%。具体分解为：单位（企业）负担18%，需缴纳216.4万元；场部负担20%，每年需垫支金额423.8万元。此外，应补交惠州市社保局1994年至1999年调剂金578.4万元。杨村华侨柑桔场按照前述方案统筹办法来解决社保问题，仍存在重重困难。一是在职职工缴纳部分征收难度大，大部分职工处于半下岗状态，基本生活费来源没有保障，难于征收个人缴纳部分。二是各分场及企业经济效益差，在职职工工资尚且无法发放，个人缴纳部分更难以承担。三是20%的垫支金额及补交市社保局的调剂金，杨村华侨柑桔场也暂时无法承担。

就潼湖华侨农场而言，至1999年底，有离退休人员840人，按离退休人员工资人均150元，全年离退休工资总额151.2万元，根据测算，缴交比例达36.6%。具体分解为：单位（企业）负担20%，需要缴纳142万元；侨场负担16.6%，每年需要垫支120万元。此外，还需补交惠州市社保局1994年至1999年调剂金199万元。按照上述方案，潼湖华侨农场自行统筹的办法解决社保问题，同样也存在一些困难：一是70%的职工处于半下岗状态，个人缴交部分征收较困难。二是补交惠州市社保局的调剂金和由财政垫支的16.6%的缺口，潼湖华侨农场暂时无法承担。

为此，惠州市华侨农场调研工作组认为，要解决两个华侨农场的社保问题，对其应补交惠州市社保局的调剂金777.4万元，市社保局应给予照顾返还。每年由两个华侨农场垫支的资金552.8万元，可采取中央、省有关部门支持一点、市政府补助一点、市社保局调剂一点的方式解决，使两个华侨农场的职工养老保险尽快纳入统筹。①

7. 历史遗留问题尚待解决

杨村华侨柑桔场、潼湖华侨农场成立时间较长，有很多需要解决的历史遗留问题。2001年9月18日，省政府62号文明确规定："通过改制，帮助华侨农场解决部分历史遗留问题，减轻其包袱。"② 历史遗留问题，是华侨农场在发展过程中付出的必要代价，它的解决关系到华侨农场改革、发展、稳定的重要问题。杨村华侨柑桔场、潼湖华侨农场需要解决的历史遗留问题主要有三项：

一是政策性、社会性支出所致的历年超支挂账。华侨农场承担大量的政策性、社会性职能，如教育、公安、邮政、电信、供水、供电等，这些支出逐年累积，市、县级财政难以承担。杨村华侨柑桔场政策性、

---

① 惠州市华侨农场调研工作组：《关于杨村、潼湖两个侨场存在问题的调查报告》。
② 广东省人民政府：《批转省发展计划委员会关于加快华侨农场改革与发展意见的通知》（粤府〔2001〕62号）。

社会性历年超支挂账 663 万元。潼湖华侨农场更庞大,历年超支挂账 1699 万元,其中中小学校、公安等超支挂账 369 万元,自来水超支挂账 350 万元,邮政电信超支挂账 330 万元,变电站超支挂账 650 万元。

二是借省财政支农周转金。为了解决生产中的困难,省、市财政部门定期向华侨农场提供支农周转金。由于经营亏损,华侨农场难以归还而形成巨额债务。其中杨村华侨柑桔场借省财政支农周转金 189 万元,潼湖华侨农场借省、市支农周转金 306 万元。

三是拖欠干部职工工资及退休人员退休费。由于华侨农场经营亏损,无力及时足额发放干部职工的工资及退休人员退休费,这既造成华侨农场的沉重负担,也影响侨场职工的生产积极性。杨村华侨柑桔场拖欠干部职工工资 1914 万元,其中拖欠退休人员退休费 1372 万元。潼湖华侨农场拖欠干部职工工资 468.5 万元。

三　杨村华侨柑桔场、潼湖华侨农场的综合改革

撤区设镇,是杨村华侨柑桔场、潼湖华侨农场发展过程中的一个重要关节点,甚至可以说是两个侨场"出死入生"的转折点。两个侨场改革的基本思路是:全面改革行政管理体制、生产经营体制、企业经营体制,实现政企分开、政事分开和政社分开,通过放开经营,置换产权,理顺财税关系,突破重点和难点,并依据改革是为了更好地发展,发展才是硬道理这一主题,积极扶持,配套推进,有所创新,使农场真正融入市场、融入地方、融入社会。①

(一) 改革行政体制和领导体制,设立建制镇

1999 年底,惠州市侨务办公室深入杨村华侨柑桔场和潼湖华侨农场调研,发现情况令人担忧,到了非解决不可的地步。为此,市侨办向惠州市政府呈交调研报告,建议在两个侨场成立财政、税务分局(或所),使其真正拥有一个完整的"家",责权利相统一,并争取省

---

① 惠州市人民政府:《关于杨村华侨柑桔场综合改革试点工作方案的请示》(惠府〔2002〕6 号)。

级财政的支持照顾。①

2000年5月，由惠州市农委牵头，组成惠州市华侨农场调研工作组。调研组先后到省侨办和佛山迳口、肇庆大旺、鹤山合成等华侨农场听取意见和参观学习，并到杨村华侨柑桔场、潼湖华侨农场调研，分别召开农场领导班子、中层干部和有关部门负责人、离退休人员、部分职工代表等座谈会，在广泛听取侨场干部、群众意见并征求市直有关部门意见的基础上向市委、市政府提交调研报告，梳理两个侨场的历史、现状以及存在的问题，分析存在问题的主要原因，并提出应对措施。这些措施中，首要的是理顺管理体制，撤区建镇（保留华侨农场的牌子），使其真正融入社会，融入地方。具体而言，杨村华侨柑桔场划归博罗县，成立杨侨镇；潼湖华侨农场划归惠阳市，成立潼侨镇。②

鉴于两个华侨农场面临社会性负担过重，经济严重滑坡、负债沉重、职工发不出工资、归难侨和职工生活十分困难的状况，惠州市决心帮助两个侨场理顺体制关系，搞活经济，摆脱困境。2001年1月，惠州市政府常务会议决定，将两个侨场下放给惠阳市和博罗县，原则上改设建制镇。③ 2001年6月21日，惠州市华侨农场改制工作协调小组向市委、市政府建议，杨村华侨柑桔场、潼湖华侨农场分别下放给博罗县和惠阳市后，设立建制镇，建镇后仍保留华侨农场的牌子，实行一套班子两块牌子，华侨农场作为镇的经济实体，承担其债权债务，经营国有资产，管理所属企业。④

2001年9月，惠州市成立杨村华侨柑桔场综合改革试点工作领导小组。10月18日，领导小组进驻杨村华侨柑桔场。经过两个多月的征求意见和调查研究，制订杨村柑桔场综合改革试点工作方案。

---

① 惠州市侨务办公室：《关于要求尽快理顺华侨农场体制报告》（惠市侨字〔2000〕3号）。
② 惠州市华侨农场调研工作组：《关于杨村、潼湖两个侨场存在问题的调查报告》。
③ 惠州市人民政府办公室：《市政府常务会议纪要》（八届26次〔2000〕11号）。
④ 惠州市华侨农场改制工作协调小组：《关于杨村、潼湖华侨农场改制的意见》（惠州市农委〔2001〕22号）。

第三章 杨村华侨柑桔场、潼湖华侨农场的社会化转型

其中包括改革行政体制和领导体制，设立建制镇。具体而言，将原杨村华侨柑桔场、杨村经济管理区改设建制镇，作为地方一级政府，按照《中华人民共和国地方各级人民政府组织法》的规定，行使镇级人民政府职权，负责原辖区的社会事务，提供社会服务。① 2002年1月，惠州市政府将该方案呈交广东省政府审定。2002年9月12日，省政府办公厅复函惠州市政府，原则同意杨村华侨柑桔场撤场设镇，实行政企分开，干部职工分流安置，债权债务由企业承担，省政府对改制后侨镇的行政开办费给予适当补贴。2002年9月4日，广东省民政厅批复同意，撤销杨村华侨柑桔场，改设杨侨镇，划归博罗县管理。2003年4月9日，惠州市委市政府决定，撤销杨村经济管理区。

根据惠州市政府八届26次常务会议关于潼湖华侨农场改制的指示精神，2001年4月1日起，惠阳市成立潼湖华侨农场改制协调领导小组。4月16日起，惠阳市潼湖华侨农场改制协调领导小组开始对潼湖华侨农场进行调查摸底。5月初，惠阳市潼湖华侨农场改制协调领导小组向惠阳市政府提出接管方案。2002年12月4日，广东省民政厅批复同意，撤销潼湖华侨农场，改设潼侨镇，划归惠阳市管辖。2002年12月9日，惠州市潼湖华侨农场综合改革工作组向惠州市人民政府呈交潼湖华侨农场改革工作报告，其中要点之一是改革行政体制和领导体制，设立建制镇。具体而言：将原惠州市潼湖华侨农场、惠州市潼湖经济管理区改设建制镇，命名为潼侨镇，划归惠阳市管辖，纳入惠阳市社会经济总体发展规划。设镇后，作为地方一级政府，潼侨镇按照《中华人民共和国地方各级人民政府组织法》的规定，行使镇级人民政府职权和经济管理职能，负责原辖区的社会事务，提供社会服务。② 2003年1月23日，惠州市政府向广东省政府

---

① 惠州市人民政府：《关于杨村华侨柑桔场综合改革试点工作方案的请示》（惠府〔2002〕6号）。
② 惠州市潼湖华侨农场综合改革工作组：《潼湖华侨农场综合改革工作报告》。

呈请潼湖华侨农场综合改革工作方案。[①] 2003年3月6日，国务院批复同意，撤销县级惠阳市，设惠州市惠阳区；将原惠阳市所辖的潼侨等10个镇以划归惠城区管辖。2003年12月23日，惠州市委市政府决定，撤销潼湖经济管理区；设立潼侨镇，归惠城区管辖。

撤区设镇后，建章立制，规范运作，积极理顺与上级政府部门的职能对接，实现企业管理到一级政府的过渡，打破原来农场的懒散管理模式，形成精干高效的一级地方政府。

杨侨镇内设党政办等10个综合办公室；下设派出所、财政所、国土所、柑桔所等事业单位；按原来杨村华侨柑桔场辖区划分为12个办事处（村委会）和2个居委会。2003年5月，杨侨镇委、镇人大、镇政府三套领导班子依法选举产生后，为使各项工作走上正轨，做了大量的工作，特别是镇机关内设机构的设置。首先，做好干部的分流上岗。根据对现有干部的年龄、学历、专业、工作能力、政治思想表现等方面综合考评，通过竞争上岗，配备好镇机关各办公室和各办事处（村委会）及各部门的工作人员。其次，根据各办公室、所、站和办事处的工作职能，落实好工作职责，使全镇各项工作顺利开展。

潼侨镇内设党政办、经济办、综治办、乡村建设办、计生办、农林水办、社会事务办、侨务办8个办公室，核定编制人数44名（公务员39名，机关工勤5名），其中党政领导班子人数13名。镇下设财政所、建管所、水利所、林业站、计生服务所、经管站、农业服务中心、文化站8个独立设置的事业单位，以及财务审计站、会计站、财政结算中心3个合署办公事业单位，核定编制35名，以上9个事业单位均为股级建制，隶属镇领导和管理，业务接受上级业务部门指导。此外，按照原来农场辖区划分，成立5个居委会和3个村委会，居委会编制31名，村委会编制20名。设镇之初，惠城区委区政府选派素质高、责任心强、有基层工作经验的年轻干部到潼侨任职，开展

---

① 惠州市人民政府：《关于潼湖华侨农场综合改革工作方案的请示》（惠府〔2003〕6号）。

第三章 杨村华侨柑桔场、潼湖华侨农场的社会化转型

竞争上岗,选拔干部到机关、事业单位、居委会工作,组成团结务实的领导班子,为华侨农场的改革发展融入新思路、新观念,注入新活力。

(二) 理顺新建镇的财政管理体制,解决财政供养问题

2003年4月9日,惠州市委市政府下发《批转〈关于杨村华侨柑桔场移交博罗县管理有关问题的意见〉的通知》,要求杨村华侨柑桔场撤场设镇交博罗县管理以后,博罗县要按现行的财政管理规定,从2003年起,将新建镇纳入博罗县财政管理,并与其他所辖乡镇同等对待;鉴于杨侨镇的特殊性,博罗县要根据财力给予倾斜,加大支持力度,应根据市、县编制部门核定的新建镇人员编制和财政供养人数,将新建镇承担的行政管理、文教卫生、公安政法等公共性事务经费开支纳入博罗县本级财政预算管理;按照分税制的基本要求,合理划分县与镇的财权与事权,确保新建镇维持正常运作的基本支出需求。

此外,关于杨侨镇的机构编制和人员供养问题,《通知》提出具体要求:镇内设党政办等10个综合办公室,干部职工编制58名,公安干警26人,财政所5人,国土所5人,共94人,按人年平均8800元计,需82.8万元;12个办事处(村委会)73人,2个居委会6人,共79人,按人年平均1020元计,需8.1万元;配套文教人员331人,其中财政供养317人,年人员经费400万元;配套医疗卫生人员120人,经费自收自支;镇下属单位52人,其中财政供养32人,按人年平均8800元计,需28.2万元。以上人员经费由博罗县财政部门根据有关规定具体核定。此外,由县财政供养的退休退养人员包括:侨场各级机关及附属机构退休干部183人,年工资171万元;中小学退休干部76人,年工资92万元,退休工人61人,年工资40万元,共计132万元;符合提前退休和离岗退养条件的干部87人,年工资112万元。另外,处级干部10人,离休人员27人,由市财政供养,具体办法由市财政局另作规定。

杨村华侨柑桔场改制建镇后,由博罗县供养的财政人员总数为

929 人，其中在职人员 522 人 519 万元，退休、退养人员 407 人 415 万元，年需经费总额 934 万元。根据省政府《批转省发展计划委员会关于加快华侨农场改革和发展意见的通知》（粤府〔2001〕62 号）精神，2002 年 12 月 25 日，省财政厅下发《关于下达 2002 年华侨农场专项补助的通知》（粤财预〔2001〕62 号），决定从 2002 年期，省财政给惠州市专项补助 1010 万元，其中 940 万元用于杨村华侨柑桔场综合改革。此外，原由省划转杨村华侨柑桔场中小学教师经费 9 万元，华侨农场事业费预算指标 60 万元，市财政安排粮食提价补贴 3 万元，共 72 万元，由市财政专项补助给博罗县。以上省市补助共 1012 万元，除用于供养上述人员需要 934 万元外，剩余部分主要用于解决新建镇生产、生活及历史遗留问题，任何单位和个人不得挪用。①

（三）职工养老保险纳入地方统筹，完善职工养老保险制度

从下放到惠州市管理到撤区建镇前，由于离退休人员过多，包袱重，加之经济困难，杨村华侨柑桔场和潼湖华侨农场的社保问题没有得到很好解决。以撤区建镇为契机，两个华侨农场的职工养老保险问题才真正纳入地方统筹，并逐步完善职工养老保险制度。

2000 年 6 月 19 日，惠州市华侨农场调研工作组在广泛调研的基础上指出，杨村华侨柑桔场、潼湖华侨农场大多数职工达到退休年龄，离退休人员不断增多，养老包袱越来越大，已经成为阻碍华侨农场经济发展和社会稳定的一个重要因素。要解决两个侨场的社保问题，对两个场补交市社保局调剂金 777.4 万元，市社保局应给予照顾返还。每年由侨场垫支的资金 552.8 万元，可采取中央、省有关部门支持一点、市政府补助一点、市社保局调剂一点等各个渠道帮助解决，使两个侨场的职工养老保险尽快纳入统筹。

2000 年 12 月 6 日，惠州市市长肖志恒主持召开市政府常务会议，

---

① 惠州市委：《批转〈关于杨村华侨柑桔场移交博罗县管理有关问题的意见〉的通知》，（惠市委发〔2003〕15 号）。

第三章 杨村华侨柑桔场、潼湖华侨农场的社会化转型

讨论杨村华侨柑桔场、潼湖华侨农场问题。会议决定，对两个侨场的社会保险调剂金实行政策倾斜，市社保局按最优惠的办法给予返还，解决两个华侨农场职工的社会保险问题。①

2001年6月21日，惠州市华侨农场改制工作协调小组向市政府建议，鉴于杨村华侨柑桔场、潼湖华侨农场的经济状况和在职职工及离退休人员的情况，根据《广东省社会养老保险实施细则》，可以采纳惠州市社保局的方案：两个侨场社会养老保险暂实行内部统筹，待条件成熟后，再逐步过渡到县、市级统筹。根据该方案，杨村华侨农场每年应征收养老金总额达812万元，潼湖华侨农场每年应征收养老金总额达194万元，单位缴费比例分别为职工工资总额的34%和36%。按照目前两个侨场的经济状况，单位也无法承受。为此，惠州市华侨农场改制工作协调小组建议，建镇后，市政府帮助解决这两个侨场单位缴费的10%，分别给杨村华侨柑桔场、潼湖华侨农场每年238万元和54万元的补贴，一定5年；其余部分，争取省有关部门支持一点，惠阳市、博罗县政府支持一点，各级社保部门调剂一点，两个侨场积极自筹的办法解决。②

2001年9月18日，广东省政府下发《批转省发展计划委员会关于加快华侨农场改革与发展意见的通知》。《通知》要求，进一步完善华侨农场职工养老保险制度：对华侨农场职工养老保险纳入地方统筹的一次性补缴统筹金，可由省和所在市两级分担，具体由侨务主管部门牵头会同有关单位提出操作方案。如解决一次性补缴统筹金后仍不能续交保费的，可不参加地方社会养老保险，而纳入最低社会保障范围，达到退休年龄的归难侨养老保险金由省和市财政兜底。对纳入养老保险统筹后的缺口，从2002年至2005年，省每年按各地实际的统筹水平给予适当补贴，由省财政和社保基金共同承担，其中省财政负责60%，省社保基金负责40%；从2006年开

---

① 惠州市人民政府办公室：《市政府常务会议纪要》（八届26次〔2000〕11号）。
② 惠州市华侨农场改制工作协调小组：《关于杨村、潼湖华侨农场改制的意见》（惠州市农委〔2001〕22号）。

始,由社保统筹基金解决。省每年在养老保险调剂金中适当加大对华侨农场的调剂额度。①

2002年9月24日,广东省人民政府下发《关于华侨农场改革工作若干问题的补充通知》。《通知》指出,关于华侨农场职工参加社会养老保险统筹问题,补缴时间从1994年1月至2002年12月共108个月,与纳入当地养老保险统筹实施的月份相衔接;补缴标准按现行华侨农场行政管理隶属关系纳入当地统筹,即已设市属管理(经济)区的华侨农场按所在地级市的标准补缴统筹金,已改为镇的华侨农场按所在县(县级市)的标准补缴统筹金;一次性补缴基数的计算,缴费工资基数以2000年当地职工社会平均工资的60%为基数,缴费比例按2001年各地缴费比例计算;惠州市的杨村和清远的英红两个改革试点华侨农场职工养老保险纳入当地统筹从2002年11月1日起实施,其他华侨农场职工养老保险纳入当地统筹从2003年1月1日起实施;华侨农场职工养老保险纳入地方统筹的一次性补缴统筹金,在所在地级市财政负担的一次性补缴统筹金拨到社保基金财政专户后,省财政部门凭银行进账单在10个工作日内将省负担的不足资金拨付到该账户;华侨农场养老保险纳入地方统筹后每年的基金收支缺口补助,原则上以2002年底的实际缺口为基数,由省财政和社保基金按粤府〔2001〕62号文件规定从2003年起,补助到2005年,从2006年开始,由社保统筹基金解决。②

2002年9月28日,惠州市劳动保障局贯彻广东省人民政府《批转省发展计划委员会关于加快华侨农场改革与发展意见的通知》(粤府〔2001〕62号)以及《关于华侨农场改革工作若干问题的补充通知》(粤府函〔2002〕365号)等文件精神,根据《广东省社会养老保险条例》的规定,提出《关于杨村华侨柑桔场职工社会养老保险

---

① 广东省人民政府:《批转省发展计划委员会关于加快华侨农场改革与发展意见的通知》(粤府〔2001〕62号)。

② 广东省人民政府:《关于华侨农场改革工作若干问题的补充通知》(粤府函〔2002〕365号)。

纳入博罗县统筹的实施方案》。《方案》对职工社会养老保险缴费比例、视同缴费年限和补缴养老保险费时间、在职职工补缴的缴费基数和缴费比例、个人账户、职工解除劳动关系后继续参加社会养老保险、养老保险待遇计发及养老金实行社会化发放和离退休人员管理等方面的问题进行细致的规定。

2002年11月，原杨村华侨柑桔场养老保险纳入博罗县统筹。经社保部门测算，杨村华侨柑桔场职工养老保险纳入地方统筹，从1994年1月至2002年10月的一次性补缴统筹金共6795万元，其中省财政负担80%（5436万元），市财政负担20%（1359万元）。省市财政负担部分，已经全部拨入到博罗县社保基金财政专户。从2002年11月起，除了个别退休人员因特殊情况待后发放外，全场绝大部分退休职工已经领取基本养老金。2003年至2005年的收支缺口，根据粤府〔2001〕62号文件规定，由省财政和省社保基金负责。

原潼湖华侨农场职工养老保险从1994年1月至2002年12月一次性补缴统筹金共1635万元，其中省财政承担80%，即单位一次性补缴养老保险金额1308万元；市财政承担20%，即个人一次性补缴金额327万元。这部分已由省、市财政补缴。由于潼湖华侨农场改制进展缓慢，移交主体多次变更。2002年10月，原惠阳市人民政府开始介入。同年11月，因政区调整，撤销惠阳市设立惠阳区，惠州市仲恺高新技术开发区介入。从2003年4月到12月底，原潼湖华侨农场改设潼侨镇，划归惠城区管辖。2003年1月起，原潼湖华侨农场职工养老保险纳入惠城区统筹。由于潼湖华侨农场改制、移交给惠城区的时间滞后一年。此后，全场1559名干部职工的社会保险费未能缴纳。由于原潼湖华侨农场经济困难，至2003年底，已拖欠在职干部职工一年的工资及退休干部一年的退休金，根本无力缴纳所欠社会保险费。潼侨镇建镇后，百废待兴，财力困难，众多历史包袱亟待解决，也无力缴交。基于上述原因，从2003年1月至2004年6月，原潼湖华侨农场干部职工共欠缴社会保险费938.4万元（单位负担665.5万元，个人负担272.9万元），其中养老保险645.2万元（单位负担 446.8 万元，个人负担 198.4 万元）。根据社会保险费征缴的有关规定，单位欠缴的养老保险费，原则上应由单位缴纳，个人欠缴的养老保险费应由个人缴纳。原潼湖华侨农场职工无力缴纳 2003 年养老保险费，由承接原潼湖华侨农场债权债务的潼湖华侨实业总公司的固定资产变现中解决。至于原潼湖华侨农场 2003 年度欠缴养老保险费所形成的滞纳金，按惠州市人民政府办公室《关于困难企业和困难职工社保费滞纳金减免问题的通知》的规定办理："经济特别困难的企业，经市政府批准，其欠缴的社保费滞纳金减免 90%。"[1]

（四）妥善处理干部职工的分流安置

华侨农场撤区设镇，势必涉及干部职工的分流安置问题。这是涉及华侨农场改革成败的大事，直接关系党的华侨政策，关系到华侨农场的发展，关系到社会的稳定。

2001 年 9 月 18 日，广东省政府下发《批转省发展计划委员会关于加快华侨农场改革与发展意见的通知》。《通知》要求，深化华侨农场体制改革，建立适应社会主义市场经济体制要求的管理机制。通过改制，帮助华侨农场解决三个主要问题：一是解决部分历史遗留问题，减轻其包袱；二是按照"老人老办法，新人新措施"的原则，妥善解决原越南、印尼等国归难侨的生活保障问题，其他人员则逐步推向社会；三是对改制后必要的行政开办费给予适当补贴。[2]

2002 年 9 月 24 日，广东省人民政府下发《关于华侨农场改革工作若干问题的补充通知》，对华侨农场改制中职工解除劳动关系后一次性经济补偿金问题作出细致规定，包括解除劳动关系的对象范围、职工解除劳动关系后的一次性补偿金的计算办法、经济补偿金采用集中支付的办法等方面。[3]

---

[1] 惠州市人民政府办公室：《关于困难企业和困难职工社保费滞纳金减免问题的通知》（惠府办函〔2003〕439 号）。

[2] 广东省人民政府：《批转省发展计划委员会关于加快华侨农场改革与发展意见的通知》（粤府〔2001〕62 号）。

[3] 广东省人民政府：《关于华侨农场改革工作若干问题的补充通知》（粤府函〔2002〕365 号）。

第三章 杨村华侨柑桔场、潼湖华侨农场的社会化转型

2003年3月13日，惠州市编委办、惠州市人事局提出《关于杨村华侨柑桔场综合改革人员分流和离退休人员供给等问题的意见》，对人员分流安置问题、离退休人员经费供给问题、杨村华侨柑桔场聘用制干部问题、分流人员的政策和措施等方面进行细致的规定。

2003年3月31日，惠州市劳动保障局制定《关于杨村华侨柑桔场职工解除劳动关系的实施意见》，对解除劳动关系的对象范围、职工解除劳动关系一次性经济补偿的计算办法、解除劳动关系、合法经济补偿金的具体步骤等作出细致规定。其中规定，对杨村华侨柑桔场改制时的在册职工（不包括已核定的财政经费供养人员）全部列入解除劳动关系范围，给予职工一次性经济补偿。此外，关于职工解除劳动关系一次性经济补偿的计算办法，按职工的工龄，每满一年发给相当一个月工资的经济补偿金，不满一年的按一年计发。工龄计算至市政府关于撤场设镇的文件生效之日止。职工的月工资按职工解除劳动关系前12个月的平均工资计算。因杨村华侨柑桔场每个职工的月平均工资和全场职工平均工资低于所在地级市最低工资标准，按最低工资标准（400元）计算。

截至2002年12月31日，杨村华侨柑桔场在册和离退休干部职工共10902人，其中离退休人员4255人，在册人员6647人，改制建镇后按以下办法分流安置：

（1）离退休人员4255人中，27名离休干部委托博罗县管理，供养经费由市财政按有关规定解决；场各级机关及附属机构退休干部183人，中小学退休人员137人，共320人，由博罗县在省财政下拨的专项补助经费中安排解决；其他退休人员共3908人纳入博罗县社保统筹，解决基本生活出路的问题。

（2）在册人员6647人中，10名处级干部由市委组织部负责调整安置；挂靠干部314人移交给博罗县人才交流服务中心；符合离岗退养条件的干部42人，满30年工龄可以提前退休干部45人，共87人办理离岗退养或提前退休手续，由博罗县在省财政下拨的专项补助经费中安排供养经费；其余6236人竞争新建镇机关、办事处、学校、

医院、公安派出所、基层站（所）共 676 个工作岗位，未能上岗的 5560 人解除劳动关系置换身份。

（3）未能上岗的 5560 人，依法解除劳动关系置换身份，并给予一次性经济补偿。杨村华侨柑桔场解除劳动关系的一次性经济补偿金共需要 6759 万元。根据省政府《关于华侨农场改革工作若干问题的补充通知》（粤府函〔2002〕365 号）精神，此专项资金由省财政负担 80% 即 5407 万元，市财政负担 20% 即 1352 万元。截至 2002 年 12 月 31 日，杨村华侨柑桔场职工解除劳动关系的准备工作已经完成，省级财政负担部分已有 3723 万元拨到市财政专户，市财政负担部分 1352 万元也已拨入专户。①

潼湖华侨农场实施综合改革后，干部安置原则上实行原地安置，高职低配，保留级别。具体办法如下：

（1）场部机关干部实行竞争上岗，享受市县机关干部精简分流优惠待遇。原二级单位的科级领导纳入事业单位机构改革范围，享受事业单位干部精简分流的优惠待遇。

（2）原场部机关在职领导干部由市委统一安排。

（3）原场部机关在职科级（含科级）以下干部和工人及站、所人员，纳入镇机关工作人员或站、所工作人员序列，按行政编制或事业编制定岗定员，享受相关岗位的待遇。

（4）纳入镇机关工作人员序列的，男干部 55 周岁、工人 52 周岁以上，女干部 50 周岁、工人 47 周岁以上者，实行离岗退养，符合《国家公务员暂行条例》提前退休条件的，可办理提前退休手续。

（5）现在各企业任职的其他干部，一律与镇机关脱钩，不再享受机关的一切待遇，而按现在所在单位性质、标准和规定确定相关待遇。

（6）在改革期间已达到退休年龄或即将办理退休手续及社保手续

---

① 惠州市委：《批转〈关于杨村华侨柑桔场移交博罗县管理有关问题的意见〉的通知》（惠市委发〔2003〕15 号）。

的干部，可以延长到改革工作完成时，享受改革后的优惠政策。

关于职工解除劳动关系一次性经济补偿，2003年3月31日，惠州市劳动保障局根据省政府《关于华侨农场改革工作若干问题的补充通知》（粤府函〔2002〕365号）和劳动部《关于违反和解除劳动合同的经济补偿办法》（劳部发〔1994〕481号）等文件精神，制定《关于潼湖华侨农场职工解除劳动关系的实施意见》。根据《意见》，潼湖华侨农场职工解除劳动关系1525人，平均工龄23年，职工月平均工资420元，一次性经济补偿金共1473万元，省财政负担80%即1179万元，惠州市财政负担20%即294万元。

（五）深化企业内部改革，加快转换经营机制

1. 实现政企、政事、政社分开

改制建镇后，杨桥镇、潼侨镇按照广东省政府《批转省发展计划委员会关于加快华侨农场改革与发展意见的通知》精神，分别将由农场承担的教育、卫生、公安、政法等社会性事务交由博罗县、惠阳市政府职能部门归口管理，并纳入博罗县、惠阳市的财政预算，实现财政转移支付。

改制建镇后，杨侨镇、潼侨镇机关从有利于解放和发展生产力出发，围绕经济建设的中心，按照政企、政事、政社分开和精简、统一、效能的原则，从行政管理为主转变为以法律法规管理为主，实行依法治镇；从计划经济管理模式为主变为以市场经济管理模式为主，逐步建立适应社会主义市场经济的管理体制；从以微观管理为主变为以宏观管理为主，下放企业的认识管理权、分配权、经营管理权，促进经营机制的转换；从以行政干预为主变为以指导服务为主，加强农村基层服务功能，搞好基层基础系列化建设。

杨侨镇、潼侨镇机关与原所办经济实体和管理的直属企业脱钩，解除行政隶属关系，不再直接兴办和管理企业，撤销行政性公司；转变对乡镇企业的领导和管理，不再直接干预企业的经营活动，通过资产运作机构或派出代表参加企业监事会等不同形式，加强对企业的外部监督；企业不再承担管理社会的职能，各自按照产业分工和自身的经营特点,经工商企业登记后,成为独立的具有法人资格的经济实体,自主决策,自主经营,自负盈亏,自担风险,自我发展,自行参与市场竞争。合理划分政事范围,把政府机关辅助性、技术性和服务性的事务交给事业单位;积极培育发展社会中介组织,增强社会的自我管理和调节能力。原杨村华侨柑桔场、杨村经济管理区及潼湖华侨农场、潼湖经济管理区所属企业继续分别由杨村华侨实业总公司、潼湖华侨实业总公司统一管理,各自承担债权债务。

2. 转换经营机制

加快企业产权多元化改革,通过拍卖、中外合资、股份化改制等方式,使企业产权实现多元化,把企业推向市场,并逐步建立现代企业制度。同时,根据企业实际情况,采用租赁、承包等形式进行处理。

转化职工身份,通过改革把农业职工转为土地承包经营者,以普通农民的身份承包经营土地,自觉纳税、交租及参加社会保险;对改制的企业,原有职工均由企业职工转换为社会自然人,以个体劳动的身份受聘于企业,或通过劳务市场走向社会,自找门路,自谋职业,按照有关政策对职工给予补偿。

抓改革促发展,加大产业结构调整力度,培育新的经济增长点。在改制过程中,始终坚持发展才是硬道理,通过综合改革,发展经济,使农场走出困境,真正融入社会。加大产业结构调整力度,带动广大场民进一步解放思想,更新观念,充分利用丰富的土地资源优势,依靠内力与外智的结合,通过多元化、集约化、产业化的经营模式,发展科技含量较高、附加值较大的生态、景观、效益型等新型农业。同时,积极创造条件发展二、三产业,发展个体、私营经济,培育新的经济增长点,走出一条与市场经济和机制相适应的发展新路子。

建镇后,杨侨镇、潼侨镇以市场为主导,实行产业经营,突出特色,重振农业雄风。两个镇根据农业发展状况,加大农业产业、产品结构调整力度,因地制宜发展特色产业、适销对路产品。杨侨镇扩大

第三章 杨村华侨柑桔场、潼湖华侨农场的社会化转型

柑桔、木瓜、西瓜等经济作物种植面积，发展花卉种植；潼侨镇建立供应香港无公害蔬菜基地，大力发展"城郊型"农业及特色绿茶种植。与此同时，积极改进农业生产经营模式，引入广东温氏食品集团等大型农业集团、企业，实现从粗放型生产经营到集约型生产经营模式的转变，注重科技创新，提高农业科技水平，力争重现华侨农场昔日农业的辉煌。

杨侨镇、潼侨镇审时度势，确立"工业兴镇""工业强镇"的发展战略。在切实落实广东省、惠州市发展乡镇经济的有关政策，改进行政机关作风，提升服务水平，营造良好政务环境的同时，多渠道筹集资金，完善杨侨镇石岗岭工业项目园区、潼湖惠侨工业基地基础配套设施，努力优化工业发展环境，打造工业发展平台，使侨镇工业发展呈现良好的发展势头。2004年，两侨镇GDP、工业总产值、社会固定资产投资分别为28466万元、53941万元、5847万元，三项指标与改制前相比，均有较大幅度的增长。

杨侨镇、潼侨镇的改革与发展紧紧依托"侨"和"土地"两大特色资源，充分利用华侨农场海外关系广、渠道多的特点以及侨务政策优势，加大整合土地资源的力度，加强招商引资，最大限度地把资源优势转化为经济优势，加快华侨农场改革发展的步伐。两个侨镇善用政策，以侨引资，积极争取国家、省侨务部门的支持，组织参加各级政府及有关部门举行的招商会、产品展示会，自主承办市、县（区）各个层次的招商会，加强对外经贸的交流与合作。充分挖掘侨务资源优势，有效利用众多海外关系及渠道，以侨引资，发挥好牵线搭桥作用，推动招商引资工作。

杨侨镇大胆实施"走出去，引进来"战略，完善基础设施建设，筑巢引凤。2003年，吸引前来洽谈的客商超过20家，成功引进投资7000万元的广东温氏集团、投资100万元的山富水果销售有限公司和投资50万元的台资针织厂等3家企业。2004年，引进项目16个，投资额1.4亿元。其中，500万元以上的项目4个，1000万以上的项目4个。在引进的项目中，有一定规模的企业4家，分别是杨森事业

有限公司、宝宏电子厂、强兴钮扣有限公司、俊芳鸿基管桩厂。

潼侨镇充分利用区位优势，大力招商引资。2003年引进外资项目1宗，合同金额60万美元，实际引进外资60万美元。2004年，引进外资6宗，内资8宗，合同金额475万美元，实际引进外资78.7万美元，合同内资4200万元，实际引进内资2700万元。2005年，引进外资9宗，内资21宗，合同外资2199万美元，实际引进外资359万美元，合同内资10990万元，实际引进内资9090万元。

四 杨村华侨柑桔场、潼湖华侨农场综合改革后存在的问题

党中央、国务院十分关心华侨农场的改革发展。2004年3月7日，中共中央总书记胡锦涛在全国政协十届二次会议上指出，"要帮助华侨农场发展，只有他们的经济等各方面有明显的发展，有困难的华侨农场状况才能得到不断的改善，将来中央还要相应地采取进一步的措施。"2004年7月，温家宝总理主持国务院常务会议研究侨务工作，强调要进一步落实有关政策规定，支持华侨农场的改革与发展，改善归难侨的生活生产条件。2005年初，中央办公厅、国务院办公厅专门发文指出，"有关部门和地方政府要在财政上继续对华侨农场给予扶持，并按照区别对待的原则，努力解决华侨农场拖欠银行债务等历史遗留问题。"[①]

由于华侨农场的体制不能适应新形势的需要，广东作为归侨安置最多的省份，在华侨农场改制方面进行积极的探索，方向是正确的，成效也是明显的，但改制以后也面临一些尚待解决的遗留问题。为此，2005年8月，广东省成立华侨农场改制遗留问题调研组，对全省华侨农场改制遗留问题开展调研，对华侨农场改制各项政策措施和扶持资金使用情况进行检查，力求通过对全省23个华侨农场改制遗留问题进行系统调研，全面总结华侨农场改制改革取得的经验及存在

---

① 中共中央办公厅、国务院办公厅：《关于加强新形势下侨务工作的意见》（中办发〔2005〕7号）。

第三章　杨村华侨柑桔场、潼湖华侨农场的社会化转型

的问题,及时分析研究解决遗留问题的办法,推动华侨农场体制进一步深化,加快侨区镇的经济深化发展,巩固华侨农场的改革成果,维护侨区镇的社会稳定。2005 年,省政府下发《关于妥善解决华侨农场改革有关遗留问题的通知》(粤办函〔2005〕569 号),要求尽快解决惠州市杨村华侨柑桔场漏报解除劳动关系职工的历史遗留问题,并正确理解《关于华侨农场改革若干问题的补充通知》(粤府函〔2002〕365 号)第 2 条第 3 款规定涉及的历史遗留问题。

就杨村华侨柑桔场、潼湖华侨农场而言,在没有现成经验可循的情况下,几经努力,虽然顺利完成"撤场设镇"改制工作,取得初步成效,但华侨农场改革毕竟有一个不断深化和完善的过程,不可能一蹴而就,仍然存在不少问题。

(一)历史债务沉重

杨村华侨柑桔场、潼湖华侨农场的历史债务构成主要是金融机构的贷款本金和利息、政府财政借款、工程欠款、拖欠工资及部分集资款本金及利息等。就杨村华侨柑桔场而言,截至 2004 年 6 月底,欠银行借款、群众集资款、工程款、工资款达 2.39 亿元,其中,集资款本金 1475.5 万元,利息 601.2 万元;金融债务本金 5986 万元,利息 6382 万元,两项合计 12358 万元。就潼湖华侨农场而言,截至 2005 年 10 月 30 日,负债总额 10209 万元,除原农场场部外,涉及下属工厂、公司、粮所、医院等 12 家单位。债务项目有:银行借款本金 1436 万元,利息 1261 万元;外单位及个人借款本金 683 万元,利息 781 万元;拖欠干部职工(包括离退休人员)工资 466 万元;欠集资款本金 91 万元,利息 322 万元;其他应付未付账款 2399 万元,帐外 2770 万元。

(二)社会养老金欠缴

由于省政府确定的一次性补缴社会养老金的时间与实际改制移交时间不一致,产生社会养老金补缴缺额及滞纳金问题。杨村华侨柑桔场补缴时间是 1994 年 1 月至 2002 年 10 月,实际改制移交时间是 2003 年 4 月,有 6 个月的缺额;潼湖华侨农场补缴时间是 1994 年 1

月至 2002 年 12 月，实际改制移交时间是 2003 年 12 月，有 12 个月的缺额。两个侨镇共计欠缴社会养老金 2000 多万元，其中杨侨镇欠缴 1600 万元，潼侨镇欠缴 600 万元。

（三）改制过程中漏报职工等问题

2003 年 4 月，杨村华侨柑桔场根据省政府的统一部署进行撤场设镇改制工作。在撤场设镇、办理解除劳动关系工作的过程中，杨村华侨柑桔场存在漏报解除劳动关系职工人数问题。由于漏报人数较多，原已纳入社保统筹人员发放经济补偿金和补缴社保费所需的资金存在缺口，撤场设镇后仍存在一些比较突出的问题。

其一，有档案而漏报的职工经济补偿金和养老保险问题。经调查核实，杨村华侨柑桔场共漏报有档案的职工 762 人，合计工龄 10717 年，需解除劳动关系经济补偿金 788.68 万元，补偿养老保险费资金 886.56 万元，合计需要资金 1675.24 万元。

其二，档案资料不全人员的职工身份有待确认。在办理原杨村华侨柑桔场职工解除劳动关系工作过程中，由于职工档案管理存在不规范、不完善的情况，部分人员档案资料不全或没有档案。他们多次上访，要求确认职工身份，并领取经济补偿金，由财政补缴养老保险。2005 年 9 月 16 日，省政府办公厅发文要求，由省劳动保障厅牵头，会同省财政厅、省侨办派出若干个熟悉情况和政策的工作小组，本着尊重历史、实事求是的原则，尽快对清远市英红华侨茶场和惠州市华侨柑桔场漏报解除劳动关系的职工进行甄别核实。对经核实确属漏报的职工，按现行规定予以一次性补缴养老保险统筹基金和补发一次性经济补偿金；对按规定不能列入补偿范围的职工，由惠州、清远市政府切实做好接收工作。① 这部分要求确认职工身份的人员共有 539 人，其中难侨 366 人，合计工龄 13028 年。客观上讲，这些人员的诉求确实有一定的合理性，但他们的档案资料

---

① 广东省人民政府办公厅：《关于妥善解决华侨农场改革有关遗留问题的通知》（粤办函〔2005〕569 号）。

不全或没有档案，难于处理。如果认定这些人为职工，需要解除劳动关系经济补偿金521.12万元，补缴养老保险费资金627.11万元，两项合计1148.23万元。

其三，原已纳入财政补缴社保费职工解除劳动关系补偿金缺口问题。在撤场设镇前，按原杨村华侨柑桔场上报职工名册录入电脑的职工已由财政补缴社保费的人员共6266人，除去分流安排851人，办理退休193人，5222人应解除劳动关系，现已有4782人办理有关手续，发放经济补偿金4671万元，省、市下拨的专项资金4654万元已用完。由于资金不足，尚有未发放经济补偿金的职工440人，他们的工龄合计10257年，需要经济补偿金410.28万元。之所以造成资金缺口，主要是由于工龄和补偿标准的变动造成的。就工龄而言，省市财政拨付资金的工龄是从1994年1月至2002年10月，而根据《广东省省属国有劣势企业职工分流安置工作的意见》的规定，原杨村华侨柑桔场职工解除劳动关系的工龄应计算至正式撤场设镇的2003年4月11日。此外，就补偿金标准而言，省、市财政拨付资金是按照2002年惠州市的最低工资标准380元；撤场设镇的2003年，惠州市的最低工资标准为400元。由于工龄和补偿标准的变动，造成省市财政按原来划拨的经济补偿金不足以发放原来纳入社保人员的经济补偿金

（四）原已纳入社保统筹职工欠缴养老保险费的问题

原杨村华侨柑桔场6266名职工从1994年1月至2002年10月社会养老保险费已由省、市财政拨款解决。但是，杨侨镇设镇时间是2003年4月11日，这是原杨村华侨柑桔场职工解除劳动关系截止日期。因此，从2002年11月至2003年4月，原杨村华侨柑桔场纳入社保的6266名职工补缴6个月社会养老保险费，合计390.55万元。

（五）弱势群体情况严重

杨村华侨柑桔场、潼湖华侨农场大多数归难侨生活困难，低收入家庭多，劳动能力及再就业能力低，相当多归难侨家庭生活水平远远低于周边乡镇农民的生活水平。此外，孤寡老人和残疾人士较多，两

个侨镇安置困难较大。杨桥镇7000多归难侨及侨眷，就有70%属于贫困户，家庭收入低于2000元。另有孤寡老人270人，残疾人388人，"五保户"、孤儿29人。就潼湖华侨农场而言，归难侨职工普遍受教育程度低，缺少技能，找工作难，等、靠、要思想严重，生活困难。一些贫困户全家资产不足500元，每年省、市部门的扶贫款、慰问金成为部分贫困归难侨过年过节的主要收入来源。截至2005年底，纳入低保就有200多人，成为靠政府救济生活的最大弱势群体。

（六）民生问题突出

杨侨镇、潼侨镇的民生问题突出的是表现在以下方面：

其一，饮水难。除两侨镇中心区及个别办事处、居委会能用上自来水外，大部分场民仍依靠打井取水，其中不少是浅水井或手摇井。饮用水源受到不同程度的污染，水质无法保证，其中以杨桥镇尤为严重。由于长期种植柑桔，大量使用农药，致使地表水质受到严重污染。撤场建镇前后，全镇因患癌症死亡的人数超过500人。

其二，住房难。由于归难侨居住的房屋是当年为接侨而临时修建的低矮瓦房，大部分房屋破旧不堪，急需修缮的危房面积达8万多平方米。杨村华侨柑桔场建场之初，统一修建大批30—40平方米的泥砖房和砖瓦房，经历几十年风雨，大部分已经成为危房。这类房子共有4860户，其中归难侨1688户。归难侨有私建公助的安居工程政策来改造危房，而其他不属于归难侨的场民3172户仍没有相关的政策支持。就潼湖华侨农场而言，撤场建镇后，大部分归难侨还住在20世纪六七十年代的土砖房里，已经成为危房。据统计，潼侨镇有2万多平方米的危房亟待改造或重建。截至2005年底，潼侨镇已经启动危房改造工程，计划首批改造200户左右，除省专项资金外，缺口资金300万元。

其三，洪涝灾害严重。2005年6月，洪涝灾害使杨侨、潼侨两个侨镇不同程度地受到损失。杨侨镇12个办事处、2个居委会及其下属139个生产队受灾，受灾人口14900人，受淹村庄22个，受浸房屋1350间，受浸农田23038亩，直接经济损失2684.3万元，抗灾复产成为杨侨镇面临的紧迫问题。潼侨镇大部分地区地势低洼，流经镇中心区的甲子河承担着上游惠环、陈江、仲恺、沥林等邻镇的排水任务。建镇前后，上游地区经济发展迅速，原来用以蓄水、缓冲的水塘基本被填平开发。1996年后，先后6次遭受水浸，水深超过2米，受灾面积超过60%，道路交通完全中断，有4家大型企业陆续迁走。据惠城区水利部门测算，要彻底治理洪涝灾害，需耗资数亿元；仅仅初步治理，就需工程费用338万元。

（七）土地山林所有权属争议问题

杨村华侨柑桔场、潼湖华侨农场建场时由于行政划拨或并入自然村界址模糊，在土地山林权属问题上，与周边乡镇及并入自然村存在纠纷较多。就杨村华侨柑桔场而言，被周边乡镇农民侵占的土地达3670亩，被并场农民侵占土地达2950亩。关于两个侨镇土地山林所有权属争议问题，影响较大的有如下几宗：

其一，原杨村华侨柑桔场36个并场队要求归还土地。这些并场队由于没有转为全民队（从农民转为职工），因此无法享受全民队的待遇，如解除劳动关系的补偿金、职工纳入社保等。由于其部分土地被原杨村华侨柑桔场征用。因此，在建镇后，这些并场队要求归还土地。建镇前后，已有不少国有土地被占用，造成部分归难侨和原承包者无地耕种。这一纠纷涉及人员近万人，社会影响大。

其二，大坑办事处与下属虎草径队（并场农民队）的土地权属争议。大坑办事处坳顶110亩土地属国有土地，土地权属明确，不存在争议。但虎草径队部分村民不顾法律裁决，蓄意私分国有土地，受到杨侨镇的制止。为此，他们多次到杨桥镇、博罗县上访。

此外，还有桔子办事处蕉坑队与公庄镇溪联村山林、土地使用权属争议问题、榄岭办事处西湖队与麻陂镇宝溪村的山林土地争议问题、塔东办事处北桥队与页肚队因山林砍伐引起的山林土地权属争议问题等，引发的冲突时有发生，这是影响华侨农场发展与稳定的重要因素。

（八）改制后人事和财政关系未理顺

杨村华侨柑桔场、潼湖华侨农场改制后，相关的人事、财政关系

没有理顺。为此,原侨场干部职工多次上访,成为影响华侨农场的不稳定因素。具体表现在以下方面:

其一,原杨村华侨柑桔场270名退休干部和18名离岗退养人员的归属、管理及身份界定问题。根据惠州市人民政府办公室下发《〈关于杨村华侨柑桔场综合改革人员分流和退休人员经费供给等问题的意见〉的通知》(惠府办〔2003〕20号)的规定,原杨村华侨柑桔场已退休干部、可办理提前退休干部、离岗退养干部经费列入财政供给。但是,他们可以享受哪一类财政供养人员待遇,由哪一级财政供给,还没有明确界定。这些退休干部意见很大,多次到杨侨镇上访。

其二,原杨村华侨柑桔场14名学前班教师和原分场18名医务人员的管理、待遇问题。14名未纳入财政供养、经费自收自支的学前班教师,他们原来是学校的教职工,因工作需要被安排担任学前班教师。博罗县教育局接管中小学时,没有接收他们的关系,而学校的其他教职工被纳入财政供养。此外,原各分场卫生室经费自收自支的18名医务人员,要求享受原侨场场部卫生院医护人员待遇。这些人员多次到杨侨镇、博罗县上访。

其三,原杨村华侨柑桔场27名离休干部和4名处级干部的管理供养问题。按照惠州市委《批转〈关于杨村华侨柑桔场移交博罗县管理有关问题的意见〉的通知》(惠市委发〔2003〕15号)精神,原杨村华侨柑桔场27名离休干部和4名处级干部纳入市管,但他们没有享受市直单位干部待遇。为此,他们多次到县、市有关部门上访。

(九)基础设施建设严重滞后

原杨村华侨柑桔场、原潼湖华侨农场撤场建镇后,基础设施建设滞后,主要表现在两个方面:

其一,道路基础设施落后。原杨村华侨柑桔场有63.8千米主干道和156千米村道,全部为沙泥土路面。由于经济困难,辖区内乡村道路年久失修,路面坑坑洼洼,路基及排水沟毁坏严重,人车行走不

第三章 杨村华侨柑桔场、潼湖华侨农场的社会化转型

便,严重影响广大人民群众的日常生活。原潼湖华侨农场通往外面的唯一一条主干道(省道S120)因路窄车多、路况老化,经常堵塞。乡村道路硬底化严重不足。辖区内乡村道路16条,总长23.25千米,铺设水泥路面的仅有5.6千米,85%的路面坑洼不平。

其二,水利设施建设滞后。原杨村华侨柑桔场有急需加固整治的河堤1道,需要资金300万元;6个小型水库需要维修加固,需要资金400万元;急需整治加固的山塘19个,需要资金190万元;需维修或重建的排灌站58个,需要资金450万元;大部分灌渠已经损毁,需要维修资金数千万元。原潼湖华侨农场有农田4495亩,地势低,排灌设施简陋,渠系渗漏严重,需要整治资金382万元;堤围26.97千米,主要排涝站3座,排水渠40多千米,需要整治、改造资金3918万元;需要加固水库4座,需要资金360万元。

第四章 杨村华侨柑桔场、潼湖华侨农场改制后的发展

2007年,国务院办公厅印发《国务院关于推进华侨农场改革和发展的意见》(国发〔2007〕6号),对华侨农场人员就业培训、劳动关系处理、解决历史遗留问题、参加基本养老保险和医疗保障等工作提出指导意见与措施。2007年,劳动和社会保障部、国务院侨办联合下发《关于认真贯彻落实〈国务院推进华侨农场改革和发展的意见〉的通知》。2008年,广东省召开推进华侨农场改革和发展工作会议。惠州市在贯彻上述文件、会议精神的基础上制定《惠州市推进华侨农场改革和发展的工作意见》。2012年,国务院侨办等十部委印发《关于印发进一步推进华侨农场改革和发展工作意见的通知》(国侨发〔2012〕29号),就华侨农场深入推进华侨农场体制改革、努力实现华侨农场科学发展、彻底解决发展农场历史问题等方面提出进一步要求。杨村华侨柑桔场、潼湖华侨农场改制后在各级党委、政府指导与支持下,华侨农场改革与发展取得显著成效。

第一节 经济发展态势良好

撤场建镇后,两个侨镇逐步融入地方抓住改革开放的机遇和地缘优势,加强基础设施建设,加大招商引资力度,投资环境不断改善,经济总体上有较大发展,归难侨收入逐步提高。

第四章 杨村华侨柑桔场、潼湖华侨农场改制后的发展

一 侨镇经济平稳发展，综合实力不断增强

就杨侨镇而言，2009年，实现国内生产总值40400万元，农业总产值16898万元，工业总产值41000万元，第三产业总产值13903万元，固定资产投资13926万元，两税收入1206万元，工业用电1840万千瓦时，人均收入5400万元；2010年，完成工农业总产值1.98亿元，规模以上工业总产值4.2亿元，固定资产投资2.3亿元，第三产业总产值1.49亿元，农民人均纯收入6083元，两税收入424万元，工业用电量2810万千瓦时。

就潼侨镇而言，2009年，实现地区生产总值44100万元，第一产业增加值6671万元，第二产业增加值26477万元，第三产业增加值10928万元。2010年，实现地区生产总值68551亿元，第一产业增加值7865万元，第二产业增加值46250万元，第三产业增加值14435万元。

二 基础设施建设继续完善

就杨侨镇而言，2009年，205国道至秀岭茅塘段改造工程基本完成，累计投入资金700万元；205国道至高速公路出口段的拓宽工程建设稳步推进；投资218万元的石岗岭二桥基本建成，投入390万元完成石岗岭河东岸石砌挡土墙工程；杨侨花园第二期工程52户高层电梯房已完成封顶。2010年，投入340万元完成小型水库除险加固工程6宗，投入21万元建成排水渠1宗，投入7.5万元完成水毁修复工程6宗；完成饮水安全工程3宗，投入35万元建成小型水厂1座；投入580万元完成河东岸石砌挡土墙工程；杨侨花园第三期稳步推进，投入2100万元建成两栋高层电梯房。

就潼侨镇而言，2009年，投资298.5万元完成现有排涝站的新建、技改扩容工程。2010年，完成小型水库改造工程3宗，完成金星村南坑水库和大湖洋水库主坝体改造工程，完成金星村农田水利改造1000亩。

表4-1　　2004—2010年潼侨镇主要水利基础设施建设情况表

主要项目	建设时间	投入资金（万元）	数量/规格	备注
清淤疏浚甲子河道	2004—2005	40	8千米	甲子河分两期工程完成
培土加高加固甲子西围	2006—2007	358	7.9千米长，堤面5米，高程10米（珠高）	甲子河西围
培土加高加固甲子东围	2008	45	0.9千米长，堤面5米，高程10米（珠高）	甲子河东围
光明村改水	2008	170	光明村自来水供水工程到户	光明村
修复水毁水利工程	2008	70	东阁废弃站清理加固、站前清淤、更换拦污网、新砌拦污堤、机组检测维修、安全加固与警示、排涝站变压器和照明线路改造	各排涝站
新建4号站	2009	146.5	装机容量160K2/2台	红岗4号排涝站
技改扩容	2009	162	165KW增容至327KW	供电所站
金星村农田水利设施	2010	50	修建100亩农田三面光排灌渠及机耕道	金星村
南坑水库改造	2010	100	改造水库坝体及配套设施	金星村南坑
大湖洋水库改造	2010	95	改造水库坝体及配套设施	金星村大湖洋水库
光明屋场水库改造	2010	85	改造水库坝体及配套设施	光明村屋场水库

三 招商引资取得一定成效，工业园区建设进展顺利

就杨侨镇而言：2009年，引进项目2宗，总投资6500万元；杨侨精细化工工业园落户企业16家，开工企业3家，600亩土地招商完毕。2010年，引进民营企业3家，分别为投资1000万元的博罗县浩毅石英石材料有限公司、投资300万元的博罗县杨桥镇日洋制衣厂、投资2000万元的博罗县坪塘工艺品加工厂；围绕博罗县东部工业园区、精细化工园区和十二岭工业园区做好工业发展配套服务与基础建设，其中十二岭工业园区完成征地（150亩）、土地平整及网管线建设，东部工业园区完成2.8平方千米的基础设施建设立项和施工图设计，完成征地1860亩。

就潼侨镇而言：2009年，引进外资项目4宗，合同外资5678.3万美元，实际引进外资1773.9万美元，引进内资22宗，合同内资65400万元，实际合同内资20547万元。2010年，外资项目引进1宗，合同外资金额4900万美元，实际引进外资1039万美元；内资项目引进14宗，合同内资金额71940万元，实际引进内资金额25400万元。

表4-2　　　　2004—2010年潼侨镇招商引资情况一览表

年度	外资项目数（宗）	内资项目数（宗）	合同外资资金（万美元）	实际外资资金（万美元）	合同内资资金（万元）	实际内资资金（万元）
2004	6	8	475	78.7	4200	2700
2005	9	21	2199	359	10990	9090
2006	7	25	3000	80	18170	12862
2007	8	26	4893.7	1324.2	46400	20342
2008	2	32	700	350	64343	20395
2009	4	22	5678.3	1773.9	65400	20547
2010	1	14	4900	1039	71940	25400

表4-3　　潼侨镇2010年规模以上工业企业一览表

序号	企业名称	性质	投资额	产值	经营范围
1	惠州市肉联厂	私营	3760万元	16687万元	畜禽屠宰
2	惠州市东江环保技术有限公司	私营	3500万元	2242万元	金属废料加工
3	青上加工（惠州）有限公司	私营	2350万元	3976万元	钾肥制造
4	惠州市永兴达蓄电池有限公司	私营	1000万元	13680万元	电池制造
5	益发电子（惠州）有限公司	外资	945万元	3727万元	家用音响设备制造
6	惠州市富兰克林工业有限公司	外资	80万美元	3727万元	涂料生产
7	惠州市世纬家具工业有限公司	外资	749万元	1712万元	木质家具制造
8	惠州景华包装制品有限公司	外资	656万元	5286万元	泡沫包装制造
9	惠州市永盈鞋业有限公司	私营	600万元	12243万元	皮鞋制造
10	惠州市新昌针织有限公司	外资	200万港币	647万元	毛织加工

四　农业稳步发展

就杨侨镇而言，2010年，因地制宜，发挥优势，继续引进农业新品种，发展区域优质高效农业，推进"一村一品"建设，引导东片香蕉产业的发展，加大对红薯优良品种紫罗兰、广薯四号的推广力度；发挥龙头企业的优势，巩固畜牧业和渔业，扶持推动龟养殖业发展，带动农民发展养殖经济，确保实现"农业增效，农民增收"的目标，农民人均纯收入6083元，同比增长12.65%。

就潼侨镇而言，对农业结构进行调整，改变单一经营粮食种植的状况，积极发展多种经营，减少粮食播种面积，扩大种植花生、蔬菜等经济作物，大力发展蔬菜、水产、畜牧等开发性农业，促进农林牧副渔全面发展，农业结构发生根本性变化。截至2010年，全镇农业总产值13116万元，其中农业4140万元，占32%；畜牧业7414万元，占57%；渔业1402万元，占11%；农、牧、渔业三者比例分别为32∶57∶11。

五 工业发展水平不断提升

就杨侨镇而言：2009年，全镇企业通过加大投入和管理力度，降低生产成本，市场进一步扩大，产值大幅提升；全年实现工业总产值4.1亿元。2010年，博罗县东部工业园正式启动建设；完成规模以上工业总产值4.2亿元。"十二五"期间，引进各类外资企业、民营企业共21家，总投资42.21亿元；"博东科技园"是重点打造的品牌，日昭电工、鑫隆管业顺利投产。

就潼侨镇而言，利用区位、土地资源优势，大力开展招商引资工作，积极承接珠三角地区产业转移，构筑工业强镇。截至2010年，全镇工业企业178家，其中外资企业39家，私营企业、个体加工厂139家，规模以上企业19家，工业产值500万元以上的企业5家。

表4-4　　　　2004—2010年潼侨镇地区生产总值统计表　　　　单位：万元

年份	地区生产总值	第一产业	第二产业	第三产业
2004	15976	2118	9744	4114
2005	23303	4344	14864	4095
2006	24081	4401	15530	4150
2007	32189	5350	19831	7008
2008	40600	6535	23830	10234
2009	44100	6671	26477	10928
2010	68551	7865	46250	14435

第二节　社会事业全面进步

撤场建镇后，原杨村华侨柑桔场、潼湖华侨农场的社会性负担大为减轻，广东省、惠州市、县（区）各级政府和有关部门加大对侨镇教育、卫生、文化等社会事业的投入，促进两个侨镇各项社会事业的发展，原侨场职工充分享受改革的成果。

一 城镇化水平大幅提升

就杨侨镇而言，2009年，投入27万元，完成两条总长350米的街道混凝土铺设，杨侨文化广场已完成填土工程。2010年，总投资650万、占地1万平方米的杨侨文化广场申请立项；杨观公路商业街全面动工建设；投入26万元，完成石岗岭、风门、坪塘、桔子4个办事处的体育运动场所建设。"十二五"期间，建成人工湖、敬老院、文化广场和杨侨花园等基础设施，完成205国道杨侨西段改造工程，基本建成水厂、污水处理厂及管网，侨乡路正在开发建设，市政基础建设进一步完善，市容市貌大为改观。

就潼侨镇而言，多渠道筹措建设资金投入到基础设施建设，实现大部分归侨居住点通往镇中心区的道路硬底化，基本形成镇属交通网络。2007年至2010年，潼侨镇先后投入资金1.5亿元，加强交通、电力等基础设施建设，完成5.6千米道路硬底化建设，投入140万元实施"明亮工程"，在主要道路上改造、安装路灯500盏；投入127万元，架设高低压线路，变压器增容1.2万千伏安；投入164万元，实施镇中心区下水道清理工程。2008年，投入322万元建设维修道路桥梁，铺设侨光路南段、联发大道西段等道路；投入253万元，铺设明扬厂旁下水道、裕华路至原新明厂道路排水管道等排水排污设施；投入42万元，安装和维修路灯近500盏，亮灯率达98%；投入13万元安装镇区的街道巷牌145个。2009年，新建与改造供电线路3.5千米，受理报装380V/220V用户1500多户，解决新报装低压用户的生产和生活用电问题。潼侨镇先后投入370多万元为主要街道更换和安装路灯。

二 科教文卫生事业稳步向前

杨侨镇在科教文卫事业方面取得显著成绩。2009年，先后投入640万元加强学校基础设施建设，投入350万元完善学校功能场室配置,投入90万元完善校园文化建设;高考上线达到150人,创历史新高。此外,加快卫生事业发展。扎实抓好手足口病和甲型H1N1流感防控工作,建立健全快速反应机制,提高防控能力,确保群众知晓率100%;开展打击非法行医专项整治,保障群众就医安全。"十二五"期间,累计投入2300万元用于各项教育教学设施建设,顺利通过广东省教育强镇复评检查;教育教学质量明显提高,杨侨中学被授予"广东普通高中教学水平优秀学校"称号,2016年高考成绩取得历史性突破,上线人数达到421人,其中重点本科10人,普通本科75人;杨侨中心幼儿园被评为惠州市一级幼儿园;镇文化站升级为省一级文化站,文化广场等各项文化设施进一步完善。

潼侨镇建镇后,积极实施"科教兴镇"战略,把教育事业放在优先发展的位置,以教育促进经济发展。2006年1月,潼侨镇制定《潼侨镇教育事业"十一五"发展规划纲要》,提出五年发展的总体目标:以高水平、高质量普及九年义务教育为基础,全面普及高中阶段教育,形成各级各类教育结构科学、布局合理、协调发展的开放性终身教育体系,通过教育信息化带动教育现代化,建设广东省教育强镇,促进教育均衡、全面、协调发展。潼侨镇多渠道筹集资金,教育经费投入逐年增长,全力改善办学条件。2006年至2008年,潼侨镇财政对教育事业拨款分别为766.93万元、965.09万元、1283.23万元;中学生人均教育经费分别为3557元、4223元、5315元;小学生人均教育经费分别为1990元、2515元、3592元。2009年起,积极开展"教育强镇"创建活动,投入教育强镇经费1127万元,并被广东省教育厅授予"广东省教育强镇"称号。2009年,有公办初级中学1所,九年一贯制学校2所(民办),公办小学6所(完小3所,教学点3个),幼儿园4所,承认文化技术学校1所。公办中小学在校生333472人,在职教师148人;民办学校在校生2207人,在职教师118人;在园幼儿418人,幼儿教师57人;适龄儿童入学率、初中入学率均达到100%。

表4-5　　　2005—2008年潼侨镇教育经费投入一览表　　　单位：万元

项目 年份	上级拨款	镇财政拨款	村（居）投入	自筹经费	社会捐赠	合计
2005	18	682.96	2	228.7	35.2	966.86
2006	23.4	766.93	3.5	232.92	42.38	1069.13
2007	30	965.09	6.5	235.85	49.39	1286.83
2008	36.6	1283.23	8	241.41	54.33	1623.57
总计	108	3698.21	20	938.88	181.30	4946.39

潼侨镇重视文化设施建设。2006年12月，潼侨镇文化站正式挂牌成立，集文化、宣传、娱乐等功能于一体，办公场所占地面积350平方米、建筑面积2000多平方米。内有图书室、阅览室、乒乓球室、少儿活动室等功能室。此外，一楼还建有老人活动中心；室外有文化宣传栏。2009年，文化站在一楼开设电子阅览室，面积200平方米，配有电脑50多台，提供电子文献阅读、查询和信息检索服务。2009年，全镇有文化广场1个，影剧院1家，灯光球场3个，电子阅览室1间，牌照证件齐全的自主经营网吧4家，营业执照齐全的音像店4家，书报店2家。

表4-6　　　2006—2009年潼侨镇文化站投入情况一览表　　　单位：万元

年度	2006	2007	2008	2009
金额	16.48	38.78	4.98	13

潼侨镇文体活动有声有色。2004年起，潼侨镇每年举行大型文娱活动和文体比赛。2008年上半年，举行文艺晚会2场，观众达5000余人次。此外，根据惠城区"喜迎十七大"宣传活动安排，潼侨镇开展送戏、送电影、送书下乡活动。全年下乡6000人次，培训文化干部30人次，送电影下乡3场，观众达1500人次，送书下乡1000余册。

第四章 杨村华侨柑桔场、潼湖华侨农场改制后的发展

潼侨镇重视以归侨文化为品牌的文化事业的发展，鼓励有文体表演技能的人才参加活动，组成文艺队伍参加各类比赛。这些文艺队伍主要有潼侨篮球队、菠萝山常乐文艺队、侨冠社区侨旭文艺队、民乐小乐队等文艺团体，其中较为突出的是菠萝山常乐文艺队、侨冠社区侨旭文艺队。侨旭文艺队由归难侨组成，主要以表演印尼舞蹈为主，每晚在广场或篮球场练习，每年9—10月加入惠州市新马泰艺术团，参加广东省举办的归侨联谊会，其精彩的表演受到观众的一致好评。2008年，以侨旭文艺队为基础，组建三支东南亚风情舞蹈队，分别是少年队、青年队、机关队。三支队伍与侨旭文艺队共同组成东南亚民族风情歌舞团，主要表演印尼苏拉威西岛民族舞、印尼欢乐舞、印尼苏门答腊亚齐舞、马来舞等，突出"潼侨"特色，在全面消化、吸收东南亚舞蹈艺术的基础上融入中华文化元素，体现文化的继承、融合与创造。

潼侨镇群众体育运动有深厚的基础，主要体育活动有篮球赛、乒乓球赛、羽毛球赛、象棋比赛、划龙舟赛等。2006年后，各种体育活动、比赛陆续开展，较大型的有全镇运动会、全镇篮球赛等。潼侨镇不断投入资金，加快体育设施建设。至2009年，全镇有文化健身广场1个，篮球场16个，灯光篮球场3个。篮球是侨场的传统体育活动。潼侨镇机关、学校、企业纷纷组织篮球队，参加各种类型的篮球赛。此外，还经常开展乒乓球赛。

潼侨镇做好卫生防疫工作。2007年，全镇基础免疫接种率为100%。2009年，按照《广东省规划实施纲要》的要求，将麻风、甲肝、流脑A、流脑A+C等7中疫苗纳入免费接种规划。4月，开展全镇中小学、幼儿园及镇内儿童麻痹疹强化接种工作，接种6926人，接种率98%；一类疫苗接种率97%以上，有效预防传染病的流行。潼侨镇重视妇女、儿童的保健工作。2007年，潼侨医院建卡622人，早孕建卡440人，孕妇早孕建卡率70.7%。建卡孕妇三册发放率100%，孕保手册回收率100%，产后访视四次率99.7%，0岁儿童建卡率76%，新生儿筛查率99.3%。2008年，潼侨医院举办生殖健

康与计划生育服务、计划生育服务管理、避孕方法知情选择等培训，全年为孕妇培训9次。

三 社会保障事业进一步完善

"十二五"期间，杨侨镇医疗卫生事业稳步提升，城乡居民医疗保险参保缴费19525人，参保率100%，城乡居民养老保险参保缴费3320人，参保率达85%，低保户217户476人，五保户24人，全部实现应尽保。2009年，对归难侨中的136户困难户进行补助，补助金14.5万元；对232户归难侨家庭发放临时生活困难补助金6.9万元。2010年，全面建立临时救济制度，对特困人员、五保户、临时生活困难人员发放17万元临时救济金；大力推进城乡医疗救助，全年救助17名重病患者，共优惠4.9万元；进一步规范城乡低保程序，实行动态管理下的应保尽保，全镇共有282户680人享受最低生活保障，发放金额41.4万元。

表4-7　　　　2004—2009年潼侨镇低保情况统计表

年份	低保户数	低保金额（元）	低保标准
2004	68	176582	实行差额补助，2010年农村村民每人295元/月，城镇居民315元/月
2005	70	181256	
2006	72	193712	
2007	72	193712	
2008	73	204360	
2009	90	222192	
2010	98	320220	
合计	543	1492034	

潼侨镇着力推进社会保障事业。2004年，潼侨镇开始实行新型农村合作医疗。2006年，全面推行农村合作医疗，参加农村合

作医疗达 6000 多人,基本解决看病贵、因病致贫等问题。农民除可享受住院报销外,还可以申请医疗救助、特定门诊等。截至 2009 年底,全镇参加合作医疗 6762 人,参合率 100%,其余参加城镇居民医保。随着生活水平的提高,潼侨镇逐步提高低保标准。2005 年开始,最低保障标准提高为城镇居民每人 215 元/月,农村村民 195 元/月。到 2010 年,城镇居民每人 315 元/月,农村村民 294 元/月。对于达不到低保标准的,发放临时救济金。2004 年至 2010 年,共发放低保保障金 1492034 元,临时救济金 1485 人次 524370 元。潼侨镇做好养老事业,使老有所养。2009 年,潼侨镇建敬老院 1 所,建筑面积 1100 平方米,可同时容纳 56 人居住。潼侨镇做好残疾人事业。全镇有残疾人 295 人。镇残联积极推荐有劳动能力和就业意愿的残疾人员到外资、民营企业就业;对确无劳动能力、又没有经济来源的残疾人家庭,纳入最低生活保障范围。2004 至 2010 年,共推荐 47 名残疾人到工厂就业,25 名残疾人从事个体经营。2006 年,潼侨医院投入 6 万元成立康复指导站。2006 至 2010 年,共提供康复服务 210 人次,上门服务 160 人次,协助提供服务 731 次。

表 4-8　　2009 年潼侨镇农村合作医疗情况一览表

村名	参加合作医疗人数
金星村	1193
宏村村	467
光明村	1181

四　社会治安综合治理扎实推进

2009 年,杨侨镇坚持和完善综治目标管理,全面排查调解化解矛盾纠纷,依法严厉打击严重刑事犯罪,完善社会治安防控体系。全年调处各类矛盾纠纷 50 起,处理群众来信来访 157 起,侦破各类刑事案件23起，破案率71.8%。"十二五"期间，全面推进"平安细胞"创建行动，加强社会治安网格化管理和社会化大巡防，深入开展禁毒工作，严厉打击各类违法犯罪活动，群众安全感、满意度明显增强；进一步加强劳动监察工作，劳动关系和谐稳定；全面落实安全生产"一岗双责"，加强食品药品安全监管，食品生产、食品药品安全得到有效保障，没有发生大的安全事故。

建镇之初，潼侨镇由于历史遗留问题较多，社会治安状况差，涉黑团伙犯罪较为突出，社会矛盾激化，被广东省列为"社会治安综合治理综合整治重点镇"，被惠州市列为"存在相对突出问题镇"。为此，潼侨镇构筑社会治安防范体系，紧紧抓住城镇工业园区和农村综治工作特点，加强与工厂企业和基层村（组）的联系，编织群防群治和联合整治的治安防范网络，将企业工厂的门卫室更换成治安岗，在主要街道和路口安装18个治安报警点，构建"平安互动网"，将派出所民警、治安联防队员和企业工厂的保安员纳入网络。当发生治安、刑事案件时，由派出所统一指挥，"三安"人员通过对讲机联系，周围的队员可以迅速赶到现场协助，同步行动可以更有效打击违法犯罪。此外，潼侨镇把"打黑除恶"作为整治工作的重中之重，以重点整治为突破口，加大打黑力度。潼侨镇出台10项"打、防、控"措施，做到除恶务尽，不留后患。对一些治安混乱的地点，及时开展集中整治和专项打击行动。通过严厉打击犯罪，侦破多起案件，缴获一批作案工具，打掉涉黑性质作案团伙3个，抓获流窜性作案人员36人次。2005年6月，潼侨镇成功"摘帽"，连续两年获评惠州市惠城区综治工作先进单位，为潼侨镇经济发展驶入快车道奠定良好的基础。

第三节　体制改革稳步推进

杨村华侨柑桔场、潼湖华侨农场在改制后，逐步实现"体制融入地方、管理融入社会、经济融入市场"的目标；同时，理顺华侨

第四章　杨村华侨柑桔场、潼湖华侨农场改制后的发展

农场领导体制，按照下放地方和政企分开的原则，与国家的乡镇机构改革政策、分类推进事业单位改革政策充分衔接；此外，深化经营体制改革，稳定和完善以职工家庭承包经营为基础、统分结合的双层经营体制，保障原侨场职工对承包土地的使用、收益等权利。在深化华侨农场改革和发展过程中，惠州市通过积极争取中央、省政府及相关部门的支持，凝聚市、县（区）有关部门的合力，多方联动，坚持发展才是硬道理的指导思想，努力推进华侨农场的"三融入"工作。

一　理顺行政、财政管理体制，实现体制融入地方

通过各级政府及有关部门的共同努力，2003年4月、12月，杨村华侨柑桔场、潼湖华侨农场先后完成改制工作，设立杨侨镇、潼侨镇，分别移交给博罗县、惠城区管辖。华侨农场文教卫生、政法、计划生育、民政等部门人员工资及工作经费纳入财政保障，落实财政转移支付，解决原华侨农场办社会带来的社会性、政策性负担，并将侨镇社会发展纳入地方发展总体规划。

二　工业兴镇，自主发展，努力实现经济融入市场

杨侨镇、潼侨镇充分利用土地资源丰富的优势，把握深圳、东莞等地产业转移的机会，加快基础设施建设，盘活存量土地，加大招商引资力度，以工兴镇，资助发展，努力实现侨镇经济的快速发展壮大，并逐步融入市场。

1. 抓工业园区建设，构筑招商引资新平台。在惠州市、县（区）两级政府的大力支持下，杨侨镇、潼侨镇积极盘活存量土地，建设工业园区，工业发展呈现出良好发展态势。博罗县把杨侨镇工业园区列为全县的精细化工基地，在政策上给予倾斜扶持。惠城区把潼侨镇工业园作为重点工业基地。

2. 抓项目招商，培育新的经济增长点。杨侨镇、潼侨镇建立各种激励机制，着力推进落户项目建设。截至2008年7月底，落户杨

侨镇的项目44个，合同利用资金5.8亿元；落户潼侨镇的项目87个，合同利用资金10亿元。

三　妥善解决职工养老问题，置换职工身份，努力实现融入社会

（一）解决职工养老保险问题

解决职工养老保险，纳入地方统筹，这是一个需要资金最多、涉及人员最广、影响最大的关键问题。按照广东省委省政府有关华侨农场改制的精神，省、市两级财政为杨村华侨柑桔场、潼湖华侨农场职工一次性补缴1994年至2002年的养老保险所需8655万元，其中，省财政负担6530万元，市财政负担1731万元。由于妥善解决两个侨场职工的养老保险问题，保证退休职工每月都能领到足额的养老金，解除了职工的后顾之忧，稳定了人心。

（二）较好地解决职工置换身份问题

原杨村华侨柑桔场、潼湖华侨农场职工解除劳动关系的一次性经济补偿金共8163万元，其中省财政负担6530万元，市财政负担1633万元。2006年，为解决原杨村华侨柑桔场改制期间漏报职工人数问题，省财政增拨658.04万元，经济补偿金668万元。既及时解决改制职工的后顾之忧，又使他们转变"等、靠、要"的思想，强化市场竞争、自主发展意识。

四　转换经营机制

杨侨镇、潼侨镇结合广东省农村二轮土地承包的经验，根据自身实际情况，把"岗位承包模式"融入以家庭承包经营为基础、统分结合的双层经营体制中，抓好侨镇职工家庭承包土地面积、地块、合同和经营权证书的"四到户"工作。2004年6月，杨侨镇制定《杨桥镇国有土地承包经营方案》，并在杨侨镇第一届人民代表大会第二次会议上通过。该《方案》对承包原则、承包年限、土地承包价格标准等方面进行规定。关于承包年限，土地承包期限最长为20年，鱼塘养殖业最长为10年。潼侨镇农场所属的土地没有承包给职工个

人，而是列入工业开发；农民所有的耕地实行家庭联产承包责任制。没有开发的土地，主要是集中连片的菜地、鱼塘，由物业公司出租给外来投资者经营，所得收入作为解决归难侨事业救助基金的来源，补助原农场下岗职工、归难侨待业青年及老人的生活。

杨桥镇、潼侨镇打破传统企业经营管理模式，按照精干和高效原则，在保留杨侨事业总公司、潼湖华侨事业总公司的前提下，通过企业内部的人事、劳动、分配制度改革，建立有效的激励机制，不断增强企业的内在活力，使其真正成为自主经营、自负盈亏、自担风险的独立法人实体，并不断强化企业的市场意识，推动企业融入市场，在竞争中壮大。杨侨镇建镇之初，对长期亏损、扭亏无望，且资不抵债的企业，根据情况实行关、停、并、转；对那些经营比较正常，并仍有一定经济效益的企业，采取承包租赁、产权转让、职工出资购买等多种形式进行改制，彻底理顺产权关系，积极盘活国有资产，使其有效增值。杨侨镇通过各种方式，把全镇经济实体全部办成股份制或混合所有制，与政府脱钩，构建起开放、充满活力的经济体制。

第四节　历史遗留问题得到有效解决

华侨农场在改制过程中难免存在一些历史遗留问题，而这些历史遗留问题的妥善解决，直接关系到华侨农场的改革与发展，关系到社会的稳定；只有妥善解决历史遗留问题，才能为华侨农场最终真正"三融入"创造条件。杨侨镇、潼侨镇的历史遗留问题很复杂，有的属于影响归难侨生存和社会发展问题，如危房改造、职工医疗保险、漏报纳入地方社会养老保险统筹和解除劳动关系范围的职工问题、华侨农场土地管理问题、历史债务问题等；有的属于需要明确的政策性问题，如关于职工纳入地方养老保险统筹后的续保政策问题、关于解除劳动关系后的经济补偿金转作生活费和社会保险费的规定具体实施问题、关于华侨农场职工养老保险纳入地方统筹后社保基金收支缺口的补助问题等。本着尊重历史、求真务实、依照政策、注重实效的原则，通过省、市、县（区）三级政府及有关部门上下联动，形成合力，两个侨镇的历史遗留问题得到很好的解决。

一 着力解决华侨农场土地确权问题

一直以来，华侨农场山林土地权属纠纷不断，是一个涉及面广、利益关系复杂、解决难度大的矛盾焦点。杨侨镇、潼侨镇的土地确权发证工作基本上于 2007 年上半年完成，尚未确权发证的土地主要是有存在山林土地权属纠纷问题。山林土地纠纷的调处，按照"属地管理、分级调处、先易后难、先简后繁、尊重历史、承认现实、互利互让"的原则。两侨镇所在的博罗县政府、惠城区政府是山林土地权属纠纷调处的主体。博罗县政府、惠城区政府应成立专门的山林土地纠纷调处机构，负责做好侨镇山林土地纠纷的调处工作，两侨镇及所属各村、居委会要积极配合；涉及跨县（区）的山林土地纠纷调处，惠州市人民政府是主体，县（区）国土资源管理部门应积极配合，做好侨镇土地纠纷调处工作，对有纠纷的土地做到解决处理一宗，登记发证一宗，确保侨镇土地权益不受侵犯。

二 合力解决华侨农场金融债务问题

截至 2006 年底，原华侨农场负债总额高达 36410.5 万元，其中金融债务 15031.5 万元，非金融债务 21378 万元。这些债务不仅引起职工上访，还引发债务司法诉讼。惠州市政府按照《广东省华侨农场金融债务处置工作实施方案》（粤府函〔2006〕98 号）的规定，指导杨侨镇、潼侨镇做好债务核查、填报和处置工作。经过多方努力，截至 2008 年 1 月，两侨镇处置金融债务 6049.69 万元。

三 积极推进安居工程

惠州市根据广东省政府《关于进一步加快华侨农场改革发展的意见》（粤府〔2005〕104 号）精神，结合全市开展的社会主义新农村建设，抢抓机遇，突出重点，以抓好安居工程为突破口，努力推进华侨农场改革和发展。为了集中力量彻底解决归难侨住房难问题，2006年8月，惠州市政府出台《惠州市华侨农场归难侨危房改造实施方案》。《方案》规定分四年完成1908户归难侨危房改造，市、县（区）、镇三级政府分别给归难侨每户的补助分别为5000元、3000元、1000元。根据工作部署，杨侨镇、潼侨镇采取试点先行的做法，确定好首期安居工程的实施地点及改造方式，为后续工程建设积累经验。市政府在抓好资金落实的同时，要求有关部门做好安居工程建设一线检查督促工作，加快建设进度。市财政2006年的补助金150万元及2007年的补助金200万元已经先后核发到县（区）财政专户。截至2008年7月，两侨镇已完工和在建安居房有600户，其中杨侨镇200户，潼侨镇400户。

第五节 职工和归难侨的生产生活明显改善

杨村华侨柑桔场、潼湖华侨农场撤场建镇后，关注民生，始终以归难侨利益为重，妥善解决归难侨"一保无难"问题，实施一系列"侨心"工程，使原侨场职工和归难侨共享改革成果，生活水平明显提高。

一 村民生活水平明显提高

建镇后，杨侨镇、潼侨镇大力推行社会主义新农村建设，农、副、工业持续发展，农村经济农民生活变化显著。杨侨镇2010年人均收入6083元，比2003年的2050元增加4033元，增长率为196.7%。潼侨镇2010年农民人均收入7489元，比2003年的3760元增加了3729元，增长率为99.2%；大部分村民用上自来水；每10户村民有彩电9台，摩托车8.4辆，手机7.5部，电脑0.3台；4%的农户拥有小汽车。

表4-9　2004—2009潼侨镇农民人均收入和村集体经济收入统计表

年度	农民人均年收入（元）	同比增长率（％）	村集体经济收入（万元）	同比增长率（％）
2004	3202	—	260	—
2005	4522	41	260	0
2006	4677	3.4	289	11.2
2007	5875	25.6	306	5.9
2008	6254	6.5	326	6.5
2009	7180	14.8	346	6.1

二　基础设施建设进一步加强

杨村华侨柑桔场、潼湖华侨农场撤场设镇后，加强基础设施建设，积极争取省、市、县（区）三级政府及有关部门的政策、资金支持，以抓好道路建设、水利建设等民心工程为重点，着力改善硬环境。

就杨桥镇而言，2006年，杨石二级公路完成205国道至塔下、塔东、小坑段建设；镇区至榄岭、坪塘、朝田三个办事处10千米水泥路面铺设完毕；完成风门办事处、十二岭三家村村道硬底化改造；开展以堤围加固、水库除险、河道疏浚为重点的秋冬水利工程，投入资金1000多万元。2008年，投入资金1500万元，完成石岗岭河旧河道截弯取直、填平东岸所有鱼塘及洼地工程，石砌挡土墙工程完成70％，填土工程完成60％。2009年，投入700万元，基本完成205国道至秀岭茅塘段改造工程；石岗岭二桥基本建成；投入390万元，完成石岗岭河东岸石砌挡土墙工程；拖入50万元，完成杨侨文化广场填土工程；投入27万元，完成两条总长350米街道混凝土铺设工程。

就潼侨镇而言，2006年，镇政府筹集200多万元，在宏村村修建宏川大道，一期路面长1千米，宽9米。2007年，投入150万元，修建金星村主村道，公路全长1.1千米，路面宽5米；同时，重建金星桥。2010年，动工修建宏川大道二期工程，公路长1.9千米，路面宽9米。此外，2003年至2010年，光明村、宏村村部分路段铺设排水渠、排洪渠、下水道等设施；金星村对部分河堤进行整治；2009年，金星村800亩农田水利排灌系统改造工程动工；同年，南坑、大湖洋2个小型水库扩容改造工程动工。

三 实施造血工程，兴建村民集体厂房

潼侨镇利用区位优势，筑巢引凤，兴建集体厂房，招商引资，壮大集体经济。2004年至2010年，镇政府筹集996万元，为光明村兴建厂房和宿舍各3栋，面积共12243平方米；筹集资金986万元，为宏村村兴建厂房、宿舍各3栋，面积共14965平方米。截至2010年底，宏村村有7栋集体厂房、7栋宿舍，总面积2.7万平方米，村民每人每月可分红100元至120元。

四 居住、饮水状况大为改善

惠州市根据广东省政府《关于进一步加快华侨农场改革发展的意见》（粤府〔2005〕104号）精神，结合全市开展的社会主义新农村建设，抢抓机遇，突出重点，以抓好安居工程为突破口，努力推进华侨农场改革和发展。为了集中力量彻底解决归难侨住房难问题，2006年8月，惠州市政府出台《惠州市华侨农场归难侨危房改造实施方案》。《方案》规定分四年完成1908户归难侨危房改造，市、县（区）、镇三级政府分别给予归难侨每户补助5000元、3000元、1000元。根据工作部署，杨侨镇、潼侨镇采取试点先行的措施，确定好首期安居工程的实施地点及改造方式，为后续工程建设积累经验。市政府在抓好资金落实的同时，要求有关部门做好安居工程建设一线检查督促工作，加快建设进度。市财政2006年的补助金150万元及2007年的补助金200万元已经先后核发到县（区）财政专户。截至2008年7月，两侨镇已完工和在建安居房有600户，其中杨侨镇200户，潼侨镇400户。

潼侨镇建镇前，农村住房大多为破旧的瓦房。建镇后，农村住房大为改观。随着经济的发展，农民将瓦房改建成楼房，居住环境更加美观。据统计，2004年至2009年，宏村村有75%的村民翻建新楼房，或在住宅新村盖起新楼房；金星村约有50%的村民翻建新楼房，或在住宅新村盖起新楼房。大多数家庭都安装住宅电话，部分家庭拥有电脑，用上互联网。

两个侨镇大力解决群众饮水难的问题。杨侨镇饮水工程被纳入博罗县整合东部五镇供水资源工程统筹规划建设。2010年，杨侨镇完成农村饮水工程3宗；投入35万元在桔子办事处建成1座小型水厂；规划建设1座设计规模30万吨，首期日供水5万吨的自来水厂。2011年，投资3万元完成2宗农村饮水安全工程。2014年，加快推进东部六镇供水工程项目建设，供水管道全部接通。2015年，杨侨镇9个办事处已实现通水入户。建镇后，潼侨镇争取惠州市财政40万元专项资金，用于建设维护饮水排涝设施。2007年，潼侨镇投入150万元为光明村实施通自来水工程，该村洋岭、屋场、苏屋、洞尾等4个村小组约1000名农民饮水问题得到有效解决。2011年，宏村村村民饮水问题得到有效解决。

五 教育、医疗水平明显提升

杨侨镇、潼侨镇进一步加大对教育、卫生事业的投入，教育、医疗水平明显提升，群众得到更多的实惠。

2008年，杨桥镇从春季学期开始，在巩固农村免费义务教育的基础上，免除城镇义务教育学杂费和书本费；通过多种渠道资助贫困学生，其中侨务部门、妇联、爱心人士捐资7.76万元，受益学生450多人；教育教学水平不断提高，高考上线过100人大关，杨侨中学被评为省一级学校。潼侨镇加大农村教育投入力度，加快农村小学标准化建设工程。2004年至2009年，累计投入100多万元，改造金星小学、宏村小学校舍，修建围墙，配备电脑。2006年开始，免收农村贫困家庭子女义务教育阶段学杂费，保障低收入家庭子女不因贫困辍学。

杨侨镇卫生事业不断进步。12个办事处设有卫生站，方便村民就近看病。2004年4月，开始实行新型农村合作医疗。截至2004年底，参加新农合的人数达到15200人，参合率47%。截至2011年底，新型农村社会养老保险参保3203人，参合率100%；城镇居民医疗保险参保19219人，参保率100%。杨侨镇参加新型合作医疗的比例逐年提高。参合率由2004年的64%提高到2007年的100%。2010年，在籍农村村民参保人数为4447人，参合率为100%。每人每年缴费20元，最高可报销6万元，报销封顶线、报销比率也逐年提高，凡公立医院都可以报销，实行定点医院网上即时代扣。全镇3个村都设有卫生站。

第五章 杨村华侨柑桔场、潼湖华侨农场社会化转型的经验及发展前景

杨村华侨柑桔场、潼湖华侨农场的社会化转型，是一个不断深化、改革不断深入、活力不断显现的过程。进入21世纪后，惠州市委市政府贯彻落实广东省政府《〈批转省发展计划委员会关于加快华侨农场改革与发展意见〉的通知》（粤府〔2001〕62号）、《关于华侨农场改革工作若干问题的补充通知》（粤府〔2002〕365号）的精神，切实解决惠州市华侨农场管理体制不顺、经济发展滞后、场民生活贫困、社会矛盾突出等方面的问题。2001年9月，惠州市政府八届26次常务会议作出关于推进惠州市农场改革的决定，由此正式拉开惠州市华侨农场改革的序幕。此次改革以抓改革、促发展、保稳定为主线，加强领导，把握机遇，锐意改革，创新机制，全面推进华侨农场的改革发展。通过这场深刻的改革，两个华侨农场的发展进入一个全新的阶段，不仅带来发展的机遇，而且也面临着新的挑战。

第一节 杨村华侨柑桔场、潼湖华侨农场社会化转型的经验

2003年，杨村华侨柑桔场、潼湖华侨农场先后完成改制，并移交博罗县、惠城区管辖。这两个华侨农场改制，从根本上扭转昔日华侨农场管理体制不顺、经济发展滞后、场民生活困难、社会矛盾突出

的局面。同时，他们的有益探索，尤其是杨村华侨柑桔场作为广东省华侨农场改革的试点侨场之一，为省内、国内华侨农场改革发展提供示范与借鉴意义。

一 审时度势，痛下决心

杨村华侨柑桔场、潼湖华侨农场是特定历史时期为安置归难侨而设立的，其原有的行政管理、生产经营等方面先天不足，严重束缚华侨农场的发展。惠州市委市政府及有关部门高度重视，统一思想，并达成共识：华侨农场只有改革才有出路，才能发展。2001年10月，广东省启动华侨农场改革，并将杨村华侨柑桔场列为全省华侨农场改革工作试点。惠州市委市政府敏锐地把握这一机遇，痛下决心，迎难而上，以深化行政管理体制、生产经营机制、企业经营机制为核心，解决长期困扰华侨农场发展的体制问题，破除华侨农场发展的阻力。

二 努力完善侨镇体制融入地方的发展模式

（一）组织编制侨镇的中长期改革和发展总体规划

总体规划对象是改制后侨镇的行政区划和人口，重点是当地归难侨。杨侨镇、潼侨镇总体规划要明确提出实现"三融入"的主要目标、主要任务、工作步骤、保障措施；重点是规划与归难侨及职工切身利益密切相关、涉及全局、长远利益的公共基础设施建设和公共服务。杨侨镇、潼侨镇的总体规划分别由博罗县政府、惠城区政府组织编制，惠州市发展和改革局加以指导。总体规划要求在2008年底编制完成，经惠州市政府审批报广东省政府备案。

（二）深化行政管理体制改革

2003年，杨村华侨柑桔场、潼湖华侨农场基本完成行政管理体制的改革，已经纳入当地行政区划管理，享有上级给予同类地区的同等待遇和政策；侨镇的政府管理职能已经逐步转移到经济调节、市场监管、社会管理、公共服务上来，两个侨镇资源配置主要集中在公共基础设施建设和公共服务领域。此后，将进一步巩固行政体制改革的成果，理顺各方面的关系，使两个侨镇的政府管理体制更趋完善，为侨镇的经济社会发展奠定更加牢固的基础。

（三）理顺和完善侨镇财政管理体制

按照分税制财政管理体制的要求，博罗县、惠城区将杨侨镇、潼侨镇纳入本级财政管理的基础上，根据财力情况，不断理顺和完善侨镇的财政管理体制，做到一视同仁，适当照顾。

（四）完善社会职能管理

2003年，杨村华侨柑桔场、潼湖华侨农场撤场设镇后，将教育、卫生、政法等社会职能完全分离出去，分别整体移交给博罗县政府、惠城区政府，移交后的中小学、卫生院、政法等社会事业机构纳入当地行业主管部门管理。惠州市、博罗县、惠城区财政已经将杨侨镇教育、卫生、政法等社会公共事务经费纳入本级财政预算，确保维持正常运作的基本支出需求。此后，要进一步完善对侨镇社会职能的管理，逐步解决社会职能管理中存在的困难和问题，使这些职能部门更好地为当地经济社会发展服务。

三 进一步加大融入社会的工作力度

（一）加快归难侨的危房改造。

在中央和广东省补助12000元/户的基础上，市、县（区）、镇三级政府分别给予每户补助5000元、3000元、1000元，共计补助2100元/户。积极争取中央和省政府对2004年后新增的归难侨危房改造给予资金补助。对不属于归难侨的农村泥砖房改造，纳入全市农村泥砖房改造计划，统一安排，统筹考虑，尽快解决。

（二）统筹规划公共基础设施建设

2007年底前，惠州市、县（区）政府和有关部门已经将侨镇公共基础设施建设纳入惠州市、县（区）政府和有关部门专项规划统筹安排，对杨侨镇、潼侨镇的交通、电力、水利、教育、卫生、广播电视等公共基础设施纳入建设实施范围，并在政策和资金方面给予倾斜支持。

1. 基础教育建设

杨侨镇有中学2所，学生2253人；小学11所，学生3026人。

潼侨镇有中学 1 所，学生 1152 人；小学 7 所，学生 2420 人。这些学校已全部纳入所在县（区）教育局管理。学校的基础设施建设也纳入农村义务教育学校生活设施改造工程以及本地推进义务教育均衡发展的规划，纳入当地中小学布局调整和农村中小学危房改造及薄弱学校改造范围。截至 2007 年底，两个侨镇中小学危房改造任务已经完成。此后，要加快实行九年义务教育，普及农村高中教育，为侨镇的经济社会发展提供人才资源。

2. 卫生服务机构建设

改制后，杨侨镇、潼侨镇的卫生服务机构分别纳入博罗县卫生局、惠城区卫生局管理范围，卫生工作已经纳入惠州市农村卫生发展规划范围，保证侨镇卫生事业与全市同步发展。惠州市、县（区）两级卫生部门根据广东省《农村卫生服务体系建设与发展规划》及广东省农村卫生有关政策，加强对杨侨、潼侨两镇卫生院、村卫生站的建设和管理，把两镇卫生事业发展经费纳入财政预算，在资金上一视同仁地参照有关政策给予补助，以保证侨镇卫生服务机构在良性的基础上加快发展，进一步巩固农民参加合作医疗的成果，做到病有所医，防止侨民因病致贫。

3. 公共基础设施建设

在水利基本建设方面，根据省政府办公厅《转发国务院办公厅〈转发发展改革委等部门关于建立农田水利建设新机制意见〉的通知》，将华侨农场农田水利建设纳入博罗县、惠城区小型水利建设规划，统筹华侨农场水利工程建设发展，加大投资力度，对山塘、渠道、电灌站、堤围、排洪渠、水库等进行加固。在农村饮水安全方面，积极推进农村饮水安全项目建设，解决两个侨场饮水安全问题。在行政村公路硬底化建设方面，贯彻交通部、省交通厅有关镇通建制村公路硬底化有关精神，将杨桥镇、潼侨镇通行政村硬底化改造项目列入广东省农村公路硬底化改造计划。

(三) 完善职工养老保险和医疗保险等社会保障体系

按照属地管理的原则，杨侨镇、潼侨镇结合当地实际，组织归难侨参加城镇企业职工基本养老保险和统账结合的城镇职工基本医疗保险，将未参保的职工纳入基本养老保险和基本医疗保险。对筹资确有困难的归难侨和职工，组织他们参加住院基本医疗保险，优先解决归难侨及职工患大病的医疗费用问题。

一是关于侨场职工参加基本医疗保险问题，根据惠州市基本医疗保险有关政策规定，杨侨镇、潼侨镇未参保的职工可按照《惠州市城镇职工基本医疗保险》的规定，参加基本医疗保险，若资金确有困难，允许归难侨及职工参加住院基本医疗保险，优先解决患大病的医疗费用问题。

二是关于归难侨退休人员参加基本医疗保险资金问题，对杨桥镇、潼侨镇拖欠离退休人员退休金、"4050"归难侨职工参加基本医疗保险3年的单位缴费、归难侨退休人员参加职工基本医疗保险由单位缴纳的一次性基本医疗保险金，除中央安排社会保障资金补助外，其余由省级财政和市级财政分担解决，根据省劳动保障厅、省财政厅、省侨办联合下发《关于我省华侨农场职工参加城镇职工医疗保险工作的实施意见》（粤劳社函〔2008〕682号）的要求制定惠州市具体的落实措施。

三是关于侨镇职工家属没有就业人员的医疗保险问题，凡是落户在侨镇的职工家属，视为城镇居民，没有就业的人员，可按照《惠州市城镇居民基本医疗保险参加医疗保险》，享受医疗保险待遇。

四是关于基本医疗保险的个人缴费问题，按基本医疗保险有关规定，其个人缴费部分应由职工本人承担，但归难侨个人缴费确有困难的，经核实后，可在中央和省安排的归难侨生活困难补助金中调节解决。

（四）妥善处置历史债务

杨村华侨柑桔场、潼湖华侨农场的历史债务主要是非金融债务。按照"实事求是、落实责任、分类处置"以及有利于改革、稳定、发展的原则，两个华侨农场历年拖欠职工工资3043万元（其中杨桥镇2537万元，潼侨镇506万元）形成的个人债务，在省财政给予30%的补助，惠州市、县（区）两级财政分别负担50%和20%，并于2008年前完成发放工作。对于拖欠干部职工的集资款、向其他单位或个人的借款以及拖欠工程款等形式的其他债务，由侨镇自我消化。

四 继续推动经济融入市场的基础性工作

（一）规范开发利用土地的管理

对于因当地社会发展需要使用侨镇土地的，严格执行国发〔2007〕6号有关规定；为改善归难侨居住条件，侨镇的归难侨住户利用原有建设用地解决住房的（限一户一宅），给予无偿划拨；属于新增建设用地的，依法办理农用地转用手续；为支持侨镇开展招商引资工作，惠州市、县（区）两级政府对侨镇新增建设用地指标给予适量倾斜；使用侨镇土地的使用者，要承担耕地占补平衡义务；侨镇要拓宽思维，按照节约集约用地的要求，合理利用现有的土地资源，盘活存量建设用地。

（二）推进经营体制改革

杨侨镇、潼侨镇应根据自身实际情况，结合广东省在农村二轮土地承包的经验，把"岗位承包模式"融入以家庭承包经营为基础、统分结合的双层经营体制中，落实土地承包一定30年的政策；重点抓好侨镇职工家庭的完善承包土地面积、地块、合同和经营权证书的"四到户"工作。

（三）落实促进现代农业发展的支农惠农政策

对省、市已经实施的农田水利基本建设议案、扶持农业机械化发展议案、种粮补贴、农业龙头企业、土地整治开发及现代标准农田建设等专项扶持政策，凡是侨镇符合扶持条件和范围，惠州市、县（区）两级都已经纳入省、市级财政专项资金的扶持对象；对解除劳动关系后愿意继续承包土地耕种的职工，都要安排一定的"口粮田"，并给予零租金照顾。

（四）落实促进二、三产业发展的各项政策

积极扶持侨镇承接珠江三角洲地区产业转移，将侨镇承接转移产业转移工业项目用地纳入广东省城镇建设总体规划中统筹考虑，并按

省政府的有关政策逐步实施；研究利用侨镇现有的国有土地资源，规划一定面积的工业用地，依法依规办理农用地转用手续，专门用于发展工业项目；市、县（区）及侨镇要采取优惠政策措施，加快招商引资力度，吸引珠江三角洲企业到侨镇兴办具有地区资源特色的农产品生产和加工制造企业，引导工业项目进入工业园区；县（区）政府应制定优惠措施，鼓励侨镇发展流通、房地产、旅游等相关产业；并在用地、税收、融资担保等方面给予积极支持；县（区）政府要采取措施加快侨镇的国有企业进行股份制改造，建立现代企业制度，真正实现政企分开。

（五）继续加强侨镇人员的就业培训

积极理顺职工的劳动关系，支付解除劳动关系职工的经济补偿金，并及时办理养老、医疗等社会保险的接续手续。对原杨村华侨柑桔场、潼湖华侨农场应解除但仍未解除劳动关系的漏报职工，应在2008年底前实施解除劳动关系，并按规定支付经济补偿金。博罗县、惠城区政府要将杨侨镇、潼侨镇纳入当地就业培训工作范围，落实就业培训各项扶持政策；参加惠州市"八万农村青年技能培训工程"的免费职业技能培训；人均年收入低于1500元且符合招生条件的贫困家庭子女免费入读技工学校；退出现役的复退军人可参加"退役士兵技能培训工程"免费培训；按规定享受当地公共职业介绍机构提供的免费政策咨询、岗位信息、就业指导、职业介绍等就业服务；参加农村青年技能培训考核合格的享受技能鉴定补贴。博罗县政府、惠城区政府及有关部门要加强劳动保障管理服务平台、职业技能培训基地和远程可视招工系统的建设，为侨镇人员提供优质服务；职业培训、技能鉴定、职业介绍、基地建设和就业服务经费，列入当地就业专项资金预算，统筹安排，确保优惠扶持政策的落实。

第二节　杨村华侨柑桔场、潼湖华侨农场改制后的前景

随着撤场建镇，杨村华侨柑桔场、潼湖华侨农场仅仅作为一种

第五章　杨村华侨柑桔场、潼湖华侨农场社会化转型的经验及发展前景

"名义上的称谓和牌子",其作为具有行政职能的企业单位的名称将不复存在,侨区的发展翻开了新的一页。就总体而言,这两个侨区的发展在改制后面临机遇与挑战共存。

一　杨村华侨柑桔场、潼湖华侨农场改制后面临的机遇

改革的阵痛之后,杨村华侨柑桔场、潼湖华侨农场在中国进入全面建成小康社会、加快经济结构调整的社会大背景下,必将迎来发展的历史性机遇。

(一) 立足珠三角,承接产业转移

杨村华侨柑桔场、潼湖华侨农场所在的惠州市,处于中国改革开放的前沿地带。2008 年,惠州成为国务院《珠江三角洲地区改革发展规划纲要》实施范围中的 9 个城市之一。此外,惠州还是《珠江三角洲地区改革发展规划纲要》确定的珠三角一体化的重点区域。2009 年以来,惠州与深圳、东莞合力推进深莞惠一体化,并取得实质性进展。2019 年,中共中央、国务院印发《粤港澳大湾区发展规划纲要》,惠州是粤港澳大湾区城市群的重要城市之一。惠州的经济实力不断增长,这为杨侨、潼侨两个侨镇的发展注入了活力。两个侨镇可以利用区位优势,外引内联,招商引资,成为惠州经济发展的新的增长点。2020 年,惠州居民人均可支配收入增速排名全省第三和珠三角第一,增速比排名第二的珠海高 0.4 个百分点,高于全省平均增速 1.8 个百分点。其中潼侨镇所在的仲恺高新技术产业开发区人均可支配收入达到 45651.9 元,居全市第三,增速高于全市平均水平。[①] 因此,在当前和今后一个时期,对于具有连片集中开发条件的杨侨镇、潼侨镇而言,珠三角区域新一轮产业转移正为惠州带来发展机遇,两个侨镇凭借着自身的政策优势、区位优势、土地优势和后发优势,不仅在承接产业转移上大有作为,而且还要对接创新资源。

---

① 冯丽均等:《增速珠三角第一!2020 年惠州居民收入比 2010 年翻一番》,《今日惠州网》,http://www.huizhou.cn/news/newsc_counties/newsc_hz/202102/t20210204_1441410.htm,2021 年 2 月 4 日。

（二）轻装上阵，加速发展

杨村华侨柑桔场、潼湖华侨农场在改制前承担太多的社会性、政策性负担，不能适应市场经济的需要，成为自主经营、自负盈亏、自我发展的经营实体。通过改革，两个侨镇将华侨农场的教育、文化、卫生、劳动保障等社会事业纳入地方统筹管理，将各项社会事业及华侨农场干部工资、公安司法等经费列入财政预算，切实减轻社会性负担，真正纳入地方管理，融入社会。改革后，两个侨镇经济实力明显增强，各项社会事业快速发展，广大侨场职工和归难侨的生活水平大幅提高。

（三）依托"侨"和"土地"资源，加强招商引资

杨村华侨柑桔场、潼湖华侨农场改制后，杨侨镇、潼侨镇可以打好"侨"和"土"两张牌，发掘发展潜力。

华侨农场是在特殊历史时期设立的国有农业企业，兼具经济属性与政治属性。党中央、国务院一再强调，各级党委、政府要对华侨农场给予倾斜，帮助华侨农场解决生产生活上的困难。因此，杨侨镇、潼侨镇要善用政策，争取各级政府、部门的支持，获得发展所需要的资源；此外，还可以充分利用华侨农场具有海外关系广、渠道多的特点以及侨务政策优势，大力开展招商引资。

土地是华侨农场广大职工、归难侨最重要的生产资料。两个侨镇可以在土地上做文章，因地制宜，进行土地开发利用，并且在这方面已经迈出可喜的一步。杨侨镇一方面将部分土地承包给原侨场职工，同时将连片集中土地承包给外来投资者；此外，杨侨镇还依托土地资源，大力发展特色农业与乡村旅游，打造"中国金钱龟之乡"和"黄花风铃世界"，其中李艺金钱龟项目进入广东农业产业100强，"黄花风铃世界"成为惠州市的乡村旅游品牌。潼侨镇不是将土地承包给个人，而是采取集体出租后定期分红，尤其是根据外来投资者较多的特点，筑巢引凤，集资兴建厂房、宿舍招租。

二 杨村华侨柑桔场、潼湖华侨农场改制后面临的挑战

杨村华侨柑桔场、潼湖华侨农场改制后面临的挑战，直接影响社

会的稳定与广大侨场职工及归难侨的生产、生活，最终关系到华侨农场改革与发展的成败。

（一）传统体制性保护渐失

杨村华侨柑桔场、潼湖华侨农场撤场建镇后，给广大侨场职工、归难侨带来的不仅是失落，而且有某些现实利益的损失。作为一个具有照顾性的企业，华侨农场及其职工享受体制带来的种种照顾，他们已经习惯于在大树底下乘凉。这种体制是典型的企业办社会，虽说不利于华侨农场的发展，即所谓"大树底下不长草"，但也有其某些方面一定程度的合理性。比如，两个侨场在危房改造过程中，原农场建90多平方米的商品房，只需要9万元，中央、省级补助1.5万元，农场争取银行5万元的购房按揭，职工再出2万元，就可以了。没有撤场之前，这些可以通过农场来解决；一旦撤场，就难有资源去解决。此外，侨场级别较高，可以直接给省乃至国家有关部门行文，要求解决生产、生活中的困难。而设镇后，这一"通天"管道基本上被堵塞，使得两个侨镇失去相当一部分争取外部资源的机会。

（二）发展需要注入新动力

杨村华侨柑桔场、潼湖华侨农场撤场建镇后，虽然有各级政府、有关部门的支持，但仍然落后于周边地区。虽然华侨农场改革的初衷是增强华侨农场的造血功能与竞争力，摒弃"等、靠、要"思想，但长期的体制保护，要根除这种依赖思想，不是短时间能实现的。比如，笔者在调研过程中了解到，近几年原潼湖华侨农场职工上访不多。原因并不在于他们已经不再"等、靠、要"，而是广东省、惠州市这两个"好爸爸"为解决农场改制动用了大量的地方财力。原侨场职工对"好爸爸"的感激，实际上正是其"等、靠、要"思想根深蒂固的表现。此外，两个侨场职工总体受教育程度不高，缺乏竞争能力，这也是侨区落后于周边农村的一个重要因素。因此，推动华侨农场的发展，让他们共享改革开放的成果，帮助他们走共同富裕的道路，这是一项长期而艰巨的任务。

附　　录

图1　1980年联合国驻华代表莫歇先生一行来杨村华侨柑桔场
　　　考察难民安置情况

图 2　1981 年，联合国难民署向杨村华侨柑桔场固定式
自动喷灌站建设捐赠 60 万美元

图 3　1982 年 8 月，应邀来华参观访问的法国记者佛朗塞斯希
夫妇在杨村华侨柑桔场

图4 1983年12月，联合国难民署向杨村华侨柑桔场难侨危房维修提供3.5万美元的援助

图5 1985年，法国红十会代表团杨村华侨柑桔场参观考察，并向总场中小学、医院等单位捐赠物资

附　录

图6　1986年联合国难民署驻华代表贺尔先生、助理项目官员李德华女士来杨村华侨柑桔场参观访问

图7　1986年，联合国难民署为杨村华侨柑桔场职业培训中心提供21万美元的援助

图 8 中山市侨资企业商会向杨村华侨柑桔场建设归难侨安居工程捐款 37 万元

附　录

图9　惠州市杨村华侨柑桔场中学

图10　香港旭日集团、惠州市侨联捐赠杨侨中学仪式现场

图11　杨侨镇第一次归侨侨眷代表大会

图12　香港同胞吴惠权向杨村华侨柑桔场归难侨安居
工程捐款30万元

附 录

图 13 联合国官员莫歇来杨村华侨柑桔场参观访问

图 14 联合国难民署向杨村华侨柑桔场难民房维修提供 35000 美元的援助

图15 联合国难民署到杨村华侨柑桔场外援项目基地进行参观评估

图16 联合国难民署援助杨村华侨柑桔场安居工程项目

参考文献

一 著作

《广东省杨村华侨柑桔场建场四十周年》编写组：《广东省杨村华侨柑桔场建场四十周年》，1991年。

《惠州市潼湖华侨农场（潼侨镇）志》编纂委员会：《惠州市潼湖华侨农场（潼侨镇）志》，2012年。

董中原主编：《中国华侨农场史》，中国社会科学出版社2017年版。

广东东省人民政府侨务办公室、广东省安置印支难民办公室主编《四季足迹在南粤大地上的印支难民》，2001年。

广东省档案馆等合编：《华侨与侨务史料选编》，广东人民出版社1991年版。

广东省地方史志编纂委员会编：广东省志·华侨志》，广东人民出版社1996年版。

广东省侨务办公室秘书处编：《广东省基本侨情资料汇编》，1991年。

国侨办政研司：《侨务课题研究论文集》（2000—2001），2001年。

韩松：《阳光家园 人道安置在广东》，岭南美术出版社1999年版。

何康：《八十年代中国农业改革与发展》，农业出版社1991年版。

黄小坚：《归国华侨的历史与现状》，香港社会科学出版有限公司2005年版。

暨南大学东南亚研究所、广州华侨研究会编著：《战后东南亚国家的华侨华人政策》，暨南大学出版社1989年。

李明欢主编《福建侨乡调查》，厦门大学出版社2005年版。

梁英杰主编：《侨乡经济社会发展研究》，广东经济出版社1998年版。
梁英杰主编：《侨乡经济社会发展研究》，广东经济出版社1998年版。
卢海云、权好胜主编：《归侨侨眷概述》，中国华侨出版社2001年版。
毛起雄、林晓东：《中国侨务政策概述》，中国华侨出版社1993年版。
滕霞光：《农村税费改革与地方财政体制建设》，经济科学出版社2003年版。
许经勇：《中国农村经济改革研究》，中国金融出版社2001年版。
钟汉波、张应龙：《广东侨史论丛》（一），香港荣誉出版社有限公司1999年版。
庄国土编《中国侨乡研究》，厦门大学出版社2000年版。

二 论文

陈那波：《国家、市场和农民生活机遇——广东三镇的经验对比》，《社会学研究》2009年第6期。

陈佩钰：《新视角下中国华侨农场的发展思路——以陆丰农场为例》，《科技咨询导报》2007年第27期。

丁有权、张瑞枝：《广西华侨企业领导体制改革探讨》，《广西社会科学》1995年第2期。

广东省财政厅《发挥财政职能作用促进华侨农场体制改革》，《农村财政与财务》1997年第6期。

何静、农贵新：《关于华侨农场经济体制改革的思考》，《福建论坛》1999年第6期。

何静、农贵新：《关于华侨农场经济体制改革的思考》，《福建论坛》1999年第6期。

侯朝蓉、陈志宏：《金坪华侨农场债务化解调查》，《中国农垦》2007年第5期。

贾大明：《华侨农场管理体制改革调查报告》，《中国农垦经济》2004年第10期。

孔结群：《重建家园：在祖国不在家乡——以消雪岭华侨茶场越南归

难侨为例》，硕士学位论文，暨南大学，2008年。

黎相宜：《国家需求、治理逻辑与绩效——归难侨安置制度与华侨农场政策研究》，《华人华侨历史研究》2017年第1期。

李修满：《华侨农场失地职工安置状况研究——对南宁市隆安县华侨农场的调查》，硕士学位论文，华中农业大学，2008年。

梁辉荣：《对完善华侨农场家庭联产承包责任制的思考》《侨务工作研究》2006年第2期。

林琳等：《广东省华侨农场的类型划分与发展思路》，《热带地理》2008年第2期。

夏国兴：《广东华侨农垦事业改革探讨》，《中国农垦》2005年第11期。

夏国兴：《华侨农场企业职权化的思考—广东部分华侨农场情况调查》，《教学与管理》1994年第4期。

许金顶、姜泽华：《厦门竹坝华侨农场体改及转型对策探析》，《华侨大学学报》2011年第1期。

杨英等：《广东省国有华侨农场体制改革基本思路探索》，《中国农村经济》2003年第2期。

张继焦：《"伞式社会"——观察中国经济社会结构转型的一个新概念》，《思想战线》2014年第4期。

张晶莹：《华侨农场社会化转型探析——以泉州双阳华侨农场为对象》，《华侨大学学报》2010年第3期。

张赛群：《福建省华侨农场养老保险改革评析》，《社会保障研究》2013年第3期。

郑少智：《国营华侨农场改革与资产营运模式探讨》，《暨南学报》2003年第4期。

朱绍华：《消雪岭华侨茶场发展史研究》，暨南大学硕士论文，2008年。

后　　记

本书的出版，得到了广东省哲学社会科学"十三五"规划特别委托项目、惠州学院学术专著出版奖励项目、惠州学院中国史重点学科项目的资助。此外，中国社会科学出版社宋燕鹏先生给予了大力支持，在策划、编校等方面付出了辛勤的努力。在资料搜集过程中，广东省立中山图书馆、广东省档案馆、惠州市档案馆、惠城区档案馆、惠阳区档案馆、博罗县档案馆等单位积极配合，提供了无私的帮助；惠州市侨联周伟清先生多方沟通协调，贡献良多；我的学生杨文丽、尹丽秀、郑能等同学参与调研，出力不少。出版之际，原惠州市副市长徐志达先生以古稀之年欣然擩笔为序。徐先生忘年略份，不耻下交，奖掖后进，以学术为公器，洵为我辈范型。

在此一并致以深切的谢忱！

陈友乔

2022 年 6 月 20 日